BRUNO PERINI

EM NOME DO POVO

Em nome do povo

1ª edição: Outubro 2024

Autor:
Bruno Perini

Revisão:
Fernando Luiz Perini
Daniela Georgeto

Projeto gráfico:
Jéssica Wendy

Ilustração de capa:
Raul Vilela

Capa:
Rafael Brum

DADOS INTERNACIONAIS DE CATALOGAÇÃO NA PUBLICAÇÃO (CIP)

Perini, Bruno
Em nome do povo : como o casamento entre Estado e moeda te deixa mais pobre / Bruno Perini. – Porto Alegre : Citadel, 2024.
160 p.

ISBN: 978-65-5047-479-9

1. Economia 2. Finanças 3. Estado 4. Moeda I. Título

24-4405 CDD 330

Angélica Ilacqua – Bibliotecária – CRB-8/7057

Produção editorial e distribuição:

CITADEL Grupo Editorial
contato@citadel.com.br
www.citadel.com.br

BRUNO PERINI

EM NOME DO POVO

COMO O CASAMENTO ENTRE ESTADO E MOEDA
TE DEIXA MAIS POBRE

CITADEL
Grupo Editorial
2024

A todos os autores que já li, pelas boas ideias; a meu pai, pelos exemplos; a minha esposa, pelo apoio, paciência e frases roubadas; aos 1.000 fãs fiéis, pelo elogio mais sincero.

Alea jacta est

PRÓLOGO

Este livro não foi escrito para ser um bestseller.

Tampouco foi feito com o intuito de ganhar dinheiro.

Não que eu não goste de dinheiro, muito pelo contrário, inclusive acho que faz sentido deixar quantidades cada vez maiores de capital em minhas mãos, já que provei que sou melhor que boa parte das pessoas na hora de multiplicá-lo.

No entanto, se o intuito fosse estritamente financeiro, eu já teria lançado um livro há anos, talvez mais de um, escrito por algum ghost writer como boa parte dos "autores" modernos faz.

Não foi o caso. Cada palavra desta obra, para o bem ou para o mal, foi escrita por mim. A única revisão que permiti foi a retirada de erros de português – mas não de todos.

Do ponto de vista da alocação do meu recurso mais escasso, o tempo, este livro também não foi um bom investimento, visto que eu certamente conseguiria muito mais resultado ao lançar novas turmas do meu curso Viver de Renda.

Então, por que escrevi esta obra?

Dostoiévski dizia que a grande vantagem que o homem possui sobre os outros animais é a mentira. Para o autor russo, só o homem era capaz de criar mentiras elaboradas. O historiador israelense Yuval Harari refinou um pouco mais esse pensamento, chegando à conclusão de que nossa vantagem não está em mentir, mas em conseguir acreditar em mentiras ou, usando uma palavra mais elegante, ficções. O homem cria ficções tão poderosas que, em dado momento, chegam a se tornar reais.

Pense comigo por um instante e verá que você está cercado de ficções por todos os lados, a começar por este livro. *Em Nome do Povo* foi publicado por uma empresa, uma pessoa jurídica, cuja existência, apesar de imaterial, é tão real quanto a minha, com uma série de obrigações, direitos e que será dona de parte dos resultados desta obra.

Pessoas jurídicas, inclusive, são as pessoas mais ricas do mundo. Enquanto alguns discutem se bilionários deveriam existir, há pessoas jurídicas que faturam centenas de bilhões por ano e por isso valem trilhões de dólares. E como essas "pessoas" são criadas? Basicamente alguns indivíduos assinam papéis que outros dizem ser suficientes, e no final todos acreditam na existência deste novo ser, ainda que ninguém possa tocá-lo.

E dentre as maiores ficções já criadas está o dinheiro. Você com certeza conhece alguém que não acredita em Deus, há pessoas que não acreditam no Estado, em nações, mas todos acreditam no dinheiro. O que começou como um meio de troca material e que hoje é cada dia mais abstrato, bits e bytes mostrados em telas de smartphones, teve sucesso onde outras ficções poderosíssimas, como governos e deuses (não o seu, as ficções são sempre as divindades dos outros), falharam.

Dando um exemplo, após a retirada das tropas americanas do Afeganistão em 2021, o país foi rapidamente retomado pelo grupo radical Talibã. Em sua marcha rumo à capital, o grupo foi destruindo todos os símbolos ocidentais que encontrou pelo caminho, desde cruzes cristãs até cabeças de manequins em lojas de roupa. Mas o que você acha que aconteceu quando o Talibã recuperou o controle do sistema bancário afegão e encontrou bilhões de dólares lá dentro?

Será que eles queimaram todas as notas de 100 dólares, aquelas com a face de Benjamin Franklin? Obviamente não, porque o Talibã acredita no dólar. Eles também acreditam no dinheiro.

Diante de tamanha importância, aqui está o primeiro motivo para escrever este livro: eu realmente queria dar minha contribuição para o estudo do dinheiro, algo que fará parte da vida das pessoas do nascimento até o derradeiro fim.

Com a crescente evolução tecnológica, você, meu caro leitor, provavelmente terá várias carreiras diferentes. Você pode se formar em direito, anos depois descobrir que quer ser blogueiro e uma década mais tarde acabar no mercado pet. A vida é uma caixinha de surpresas. Porém, o que você nunca deixará de fazer é mexer com dinheiro. Entre tudo que você poderá estudar, este é um dos assuntos mais importantes e de emprego mais cotidiano: todo dia você precisará tomar decisões financeiras – e a maior parte das pessoas faz péssimas escolhas nessa área por falta de conhecimento.

Um segundo motivo está no fato de que realmente acredito que livros são objetos mágicos, verdadeiras máquinas do tempo. Quando o filósofo estoico Zenão de Cítio consultou um oráculo para perguntar sobre como se tornar um sábio, este respondeu: para atingir a sabedoria e viver a melhor vida, você deve passar a ter conversas com os mortos. De início, Zenão não entendeu, mas após passar em frente a alguns volumes com publicações de filósofos já falecidos, ele compreendeu que o oráculo estava falando sobre livros.

Através de um livro podemos adquirir o conhecimento daqueles que nos precederam. Eu tenho extensas "conversas com os mortos" – talvez, e felizmente, a melhor palavra seja monólogos, já que a comunicação é de mão única. Nessas conversas conheci economistas mortos há décadas, autores falecidos há séculos e filósofos que nos deixaram há milênios.

Esta é inclusive uma segunda grande vantagem do homem sobre outros animais: nossos registros escritos. Ou você conhece alguma outra espécie que consegue acumular grandes quantidade de conhecimento de maneira externa? Leões não escrevem livros de suas caçadas, abelhas não têm controles de estoque ou registros administrativos, golfinhos não compõem poemas épicos sobre deuses marinhos, mas o homem fez e faz tudo isso.

Graças à escrita, deixamos de ser uma espécie condenada à amnésia. O conhecimento, antes restrito à oralidade, ao "quem conta um conto aumenta um ponto" e à parca duração de nossas memórias, passou a ficar registrado de maneira muito mais fidedigna. E não que isso signifique que o conhecimento dos antigos nunca se perdeu, porque parte dele ficou pela história, mas sem os livros estaríamos o tempo todo redescobrindo o que um grego ou egípcio já sabia há 2.500 anos.

Por fim, o economista austríaco Ludwig von Mises dizia que "o homem rico pode se dar ao luxo de adotar caminhos insensatos por mais tempo que o pobre". Como um fã incondicional da leitura, eu sempre quis escrever um livro. Ainda que não seja a melhor decisão do ponto de vista financeiro, creio que já tenho o suficiente para adotar o caminho insensato de alocar uma grande quantidade de tempo nesta obra, ainda que ela gere um retorno baixo na parte financeira, mas talvez gere um retorno altíssimo em outras áreas...

Assim como posso dizer seguramente que os livros mudaram minha vida para melhor – sem eles, eu nunca seria rico, tanto do ponto de vista intelectual quanto financeiro –, espero que este livro mude as perspectivas de algumas pessoas. Se isso acontecer, o esforço terá valido a pena.

Por que você deveria ler este livro?

Sendo absolutamente direto, perdendo o podium apenas para as gravações das aulas do meu curso Viver de Renda, este foi o conteúdo que me deu mais trabalho para ser feito. Afirmo categoricamente que me tornei ainda mais fã dos meus autores favoritos após acabar de escrever esta obra.

E não que algo que dê muito trabalho passe de maneira automática a ser mais valioso. O valor vem da relação entre oferta e demanda (falaremos disso no livro). Mas se há uma regra não dita no mundo da produção de conteúdo é que aquilo que deu mais trabalho para o autor geralmente é mais interessante para o consumidor.

Como diriam os romanos, *verba volant, scripta manent*. A palavra falada voa, a escrita permanece. Aquilo que é falado em vídeos, embora teoricamente também seja eterno, muitas vezes é feito de modo sumário e apressado, sem muita reflexão. Já nesta obra, eu pude revisar e depurar cada pensamento – devo ter lido cada página pelo menos umas 10 vezes durante o processo – de um modo impossível de ser reproduzido em redes sociais que exigem atualização constante, em alguns casos mais de uma vez ao dia.

Podemos dizer que as redes sociais são meu fast food, e há ótimos fast foods por aí, enquanto neste livro eu pude cozinhar em fogo baixo – e todos sabem (ou deveriam saber) que a mágica na culinária acontece em fogo baixo.

SUMÁRIO

SE UM HOMEM **NÃO SABE...**

1

“

Por falta de uma compreensão geral, o crime de uma emissão excessiva (de moeda) por parte de um monopolista continua não somente a ser tolerado, mas até aplaudido.

”

A frase anterior foi escrita por Friedrich August von Hayek, economista austríaco laureado com o Nobel de Economia (melhor dizendo, com a medalha do Banco Central da Suécia em memória de Alfred Nobel), em seu livro *A Desestatização do Dinheiro*, publicado em 1976.

Passadas quase 5 décadas desde essa afirmação, pouca coisa mudou: o grosso do povo continua a aplaudir esse tipo de movimento, justamente porque não compreende suas consequências.

O filósofo escocês David Hume, um dos primeiros a estudar com mais profundidade o dinheiro, usava um exemplo interessante de uma fada que, magicamente, multiplicava a quantidade de moeda nos bolsos e cofres de todos. Será que com essa multiplicação todos ficariam 2 vezes mais ricos? Hume explicava que não, e ao longo desta obra você entenderá o porquê... Mas independentemente disso, se essa fada concorresse a um cargo político, ela teria grandes chances de ser eleita.

O objetivo desta obra é te apresentar uma breve história mostrando como o casamento entre política e dinheiro, tido por muitos como algo normal e até necessário, surgiu. Para isso, vamos percorrer todo um caminho, saindo do escambo, passando pelas moedas-mercadoria, moedas de metais preciosos, moedas com lastro em ouro, e portanto em escassez, até finalmente atingirmos o estágio atual, no qual usamos um dinheiro sem lastro algum, cada vez mais digital, baseado apenas na confiança depositada numa classe política que, consistentemente, viola essa relação fiduciária – e, infelizmente, entenderemos por que isso provavelmente não irá mudar.

Se hoje, vivendo num Estado laico, achamos curioso e até estranho como no passado era comum misturar religião e política, ao final deste livro espero que você veja que misturar aquilo que existe de mais importante em uma economia, a moeda, com o Estado também não foi das melhores ideias (exceto se você for um governante).

E por Estado, entenda que estou falando do aparato administrativo quase fixo de um país. Em locais com eleições livres, governos vêm e vão, eles podem mudar a cada poucos anos, já o Estado fica e muda muito menos...

A gênese do Leviatã

O filósofo suíço Jean-Jacques Rousseau dizia que "O homem é bom por natureza, a sociedade o corrompe". Porém, deixo meu questionamento *post mortem* a Rousseau: e quem corrompeu a sociedade?

Acredito que a maior parte das pessoas é boa, mas tenho sérias dúvidas se o homem é de fato bom por natureza quando paro para observar o comportamento de crianças na faixa dos 2 ou 3 anos. Essas crianças, que seriam o mais próximo que temos do homem antes de ser educado por alguma sociedade, brigam, mordem e batem nos seus "amiguinhos" por conta de um brinquedo.

Se hipoteticamente não fossem corrigidas, essas crianças cresceriam acreditando que esse comportamento é adequado e poderíamos ter um cenário estilo "Senhor das Moscas" quando chegassem à adolescência. Felizmente, as correções acontecem (pelo menos na maior parte das vezes).

Se Rousseau parece estar errado quanto à natureza humana, talvez um filósofo de ideia contrária possa estar certo: Thomas Hobbes.

Você já deve ter ouvido a famosa síntese das ideias de Hobbes através da forte frase "o homem é o lobo do homem". Tal pensamento está longe de significar que todos os homens são maus e predadores de si mesmos. Não é isso.

Boa parte das pessoas prefere coexistir com os outros de maneira pacífica, e isso é relativamente simples em comunidades pequenas. Imaginando uma comunidade primitiva com poucas dezenas ou uma centena de pessoas, como todos se conhecem, têm amigos em comum e até parentes, a turma do "deixa disso" num conflito costuma ser muito numerosa, forçando a adoção de uma solução pacífica em boa parte dos casos.

Porém, à medida que tal comunidade cresce, evoluindo para muitas centenas ou milhares de pessoas, os vínculos familiares ou de amizade começam a não ser suficientes para evitar conflitos entre grupos com poucos laços em comum. Em vez de "deixa disso" por ocasião de um problema envolvendo vários conhecidos, aparecem os "vai deixar barato?", já que a outra parte não passa de um bando de estranhos.

Dessa forma uma pequena ofensa pode se transformar numa sequência de vinganças e escalar até uma sangrenta guerra civil entre grupos que irão se exterminar, restando basicamente 2 opções: (1) a comunidade é destruída em um espiral de assassinatos ou (2) um poder central emerge com capacidade para ameaçar e punir ambos os grupos e impor a paz – ou talvez tenha origem no grupo vencedor que exterminou os rivais e conquistou o poder local.

Portanto, repare que se ainda existe uma comunidade, agora ela é governada por um poder centralizado. O Leviatã de Thomas Hobbes, uma metáfora que coloca esse poder central como um monstro bíblico de proporções dantescas, seria aquele que consegue impor a paz, acabando com o estado de caos e violência, e evitando uma guerra de todos contra todos, *bellum omnium in omnes*.

Segundo o autor Jared Diamond, no excelente livro *Armas, Germes e Aço*, esta seria uma etapa da evolução das sociedades humanas. Logicamente há muita gente que pode discordar disso, mas é relevante o fato de que não há uma sociedade tecnologicamente avançada que não passou por esse estágio – ou foi dominada por um vizinho que alcançou a centralização primeiro.

O Leviatã Democrata

Se deve existir um Estado com capacidade de bater nas pessoas para que elas mesmas não venham a se enfrentar até a morte, e com capacidade de resistir a um vizinho belicoso expansionista – "quem para Alexandre, o Grande?", diria Nietzsche –, a história recente do Ocidente mostra que a opção mais popular por estas bandas é que esse Estado seja organizado como uma república democrática.

Quando digo república democrática, me refiro àquelas com eleições livres e revezamento de poder, e não a algo como a República Democrática da Coreia (popularmente conhecida como Coreia do Norte), em que um ditador "recebe" 100% dos votos e permanece no poder a vida inteira.

Mas, como tudo na vida, a democracia não é perfeita. Não é por acaso que Churchill dizia que a democracia é a pior forma de governo, com exceção de todas as outras. Do ponto de vista financeiro, o calcanhar de Aquiles de uma democracia é o imediatismo de boa parte das políticas públicas.

Explicando melhor com um exemplo, vamos imaginar uma eleição já em seu segundo turno, com dois candidatos hipotéticos. O candidato 1 promete que vai dar tudo de graça para o povo, mais saúde, educação, segurança e uma melhor aposentadoria. Quando perguntado sobre como pagará por isso, responde genericamente: tributarei os mais ricos.

Já o candidato 2 age de maneira contrária, dizendo que não teremos tantos serviços "gratuitos" e que a aposentadoria além da que já existe, que certamente terá que ser reformada ao longo do tempo, ficará a cargo de cada um. Porém, a contrapartida é que também teremos somente os impostos que já existem, talvez até menos.

Qual candidato você acha que irá ganhar o pleito eleitoral? Como qualquer conversa com um grupo de eleitores médios pode assegurar, será o candidato 1. Prova disso é que no segundo turno das eleições quase nunca temos um candidato 2, ele dificilmente chega tão longe, geralmente temos que escolher entre duas versões do 1... E aí começa o problema.

Para entregar minimamente o prometido, o candidato 1 terá que fazer muito mais do que apenas tributar os mais ricos.

Como os mais ricos são sempre uma minoria da população, os frutos de sua tributação não costumam ser tão grandes. Além disso, eles são os mais bem equipados para se defender destas medidas através da contratação de especialistas e da montagem de complexas estruturas societárias, muitas vezes internacionais, para fugir de impostos. Na pior hipótese, os mais ricos podem simplesmente sair do país levando os ganhos de um imposto sobre grandes fortunas a patamares baixíssimos – esse é um dos motivos pelos quais esse tipo de imposto foi abolido em vários países após experiências infrutíferas.

É interessante dizer que alguns políticos, insatisfeitos com os pequenos ganhos do malogrado imposto sobre grandes fortunas, podem ter a inventiva ideia de aumentar a base de arrecadação ao tributar as fortunas não tão grandes, as médias e eventualmente até os pobres que não possuem fortuna nenhuma.

A origem do imposto de renda exemplifica essa história. Aprovado pelo 1º Ministro inglês William Pitt, o Jovem (tinha que ser jovem, se fosse velho talvez não fizesse isso), o imposto de renda seria usado para financiar o esforço de guerra britânico contra Napoleão, o então general invencível, em caráter temporário, sendo cobrado somente dos mais ricos e com alíquota de apenas 10%.

Sir John Sinclair, um crítico da medida, perguntou à época: "Se nos impuserem esse imposto, será lícito que algum dia nos livremos dele? Enquanto durar a guerra, isso não será possível. (E) Se na paz esse acréscimo às rendas públicas for julgado indispensável? Agora, o ministro Pitt, usando de grande moderação, pede apenas um décimo de nossas rendas, mas o que impedirá de, no futuro, exigir um quinto ou mesmo um terço? Faz-se mister ainda observar que essa lei será pretexto para uma infinidade de exigências altamente vexatórias".

Passados pouco mais de 200 anos, a afirmação de Sinclair se mostra quase profética. O imposto que era temporário se tornou permanente, sua cobrança incide sobre quase todos e sua alíquota foi multiplicada por várias vezes, chegando a tomar mais de 50% da renda em alguns países. Além disso, no começo de cada ano somos obrigados a preencher detalhadamente tudo que fizemos com nossas finanças no ano anterior, chegando a um nível de intimidade financeira com a Receita Federal que não costumamos ter nem com nossos cônjuges, o que, na minha concepção, caracteriza as "exigências altamente vexatórias" citadas pelo presciente Sir John Sinclair.

Como o Leviatã vai se financiar?

Descartada a opção de conseguir recursos oriundos apenas das grandes fortunas, restam basicamente 3 outras opções ao governo sobre as quais falaremos em mais detalhes: aumentar impostos sobre todos, emitir dívida ou criar mais moeda para pagar os custos da máquina estatal.

Impostos, o inferno são os outros

Subtrair coisa móvel alheia, para si ou para outrem, mediante grave ameaça ou violência. Esta é a síntese da definição de nosso Código Penal para o crime de roubo. Caso você tenha o azar de ser vítima desse crime, pode tentar se defender e chamar a polícia. Como vítima, a justiça está ao seu lado e o bandido, caso seja pego, irá enfrentar as consequências do delito. Pensando em diminuir a chance de incidentes futuros, você ainda pode colocar câmeras, cães de guarda, contratar seguranças etc. Tudo isso, logicamente, sem que o bandido tenha que permitir.

Mas quando é o Estado que, sem o seu concorde, decide aumentar a parcela do seu patrimônio que será subtraída em prol do “bem social”, a coisa já muda de figura. Se no primeiro exemplo a lei estava ao seu lado, no segundo ela passa a estar contra você. Se no primeiro exemplo você poderia se defender sem a anuência do meliante, nesse você só pode usar as regras que o Estado permite como defesa. Se no primeiro exemplo você era uma vítima, agora restam-lhe duas opções: ser um contribuinte obediente ou se tornar o bandido.

Porém, apesar de os impostos serem uma opção na hora de aumentar a arrecadação, há um certo limite para o seu uso. Primeiro porque uma coisa é tentar tributar os mais ricos, geralmente uma ideia que encontra muito apoio popular, outra é tentar tributar o povo que aprova mais impostos sobre os outros, mas, ironicamente, não quer mais impostos sobre si mesmo.

Evidentemente há maneiras de contornar essa questão, como a criação de tributos sobre consumo, serviços e empresas. Esses impostos acabarão, de uma forma ou de outra, sendo repassados para o consumidor final por meio da elevação dos preços, ainda mais em países como o Brasil, em que, em vários nichos, há pouca competição (um monopolista pode, obviamente, aumentar preços com mais liberdade do que um empresário que enfrenta forte competição). Entretanto, sempre resta ao governo que eleva tais impostos a saída de culpar os comerciantes inescrupulosos pelo aumento de preços, e não a elevação dos impostos.

Um segundo ponto é que ainda que essa medida seja tomada, talvez venha a gerar efeitos contrários aos esperados em países com tributação já muito alta.

Existe uma ideia interessante sobre isso conhecida como Curva de Laffer, proposta pelo economista Arthur Laffer na década de 1970.

Partindo de pressupostos lógicos, veja que se há 0% de impostos sobre o que você produz há também um estímulo grande à produção, já que você seria dono de todo o resultado que fosse capaz de gerar.

Visando arrecadar alguma coisa, o Estado poderia criar uma alíquota de 10%, o que poderia diminuir o seu ímpeto produtivo, mas não tanto assim porque são apenas 10%, um imposto muito mais baixo do que o cobrado por vários países do mundo. Com uma alíquota de 20%, você já começa a evitar certas atividades que, após impostos, não dariam tanto resultado. Isso diminui um pouco a produção, mas o Estado continua arrecadando mais porque a alíquota foi dobrada.

O mesmo efeito de queda de produção e aumento de arrecadação por conta de alíquotas mais altas seria visto com novos reajustes para cima, até que, em determinado nível impossível de ser conhecido *a priori*, a alíquota mais alta seria responsável por uma queda na arrecadação, quer pela diminuição da produtividade, quer pelo estímulo à informalidade, sonegação ou fuga dos produtores para jurisdições mais amigáveis.

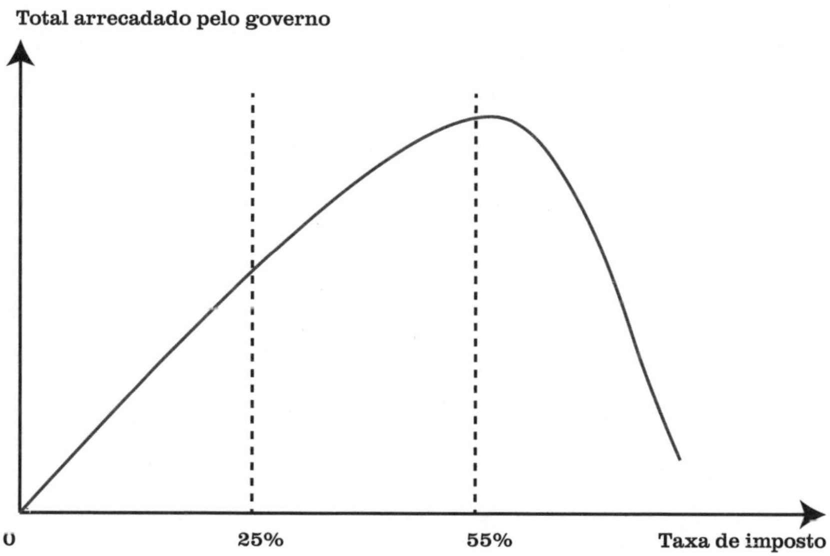

Curiosamente, se porventura chegássemos a uma alíquota de 100%, não haveria estímulo nenhum à produção, já que de tudo que você produzisse, nada seria seu (algo similar à mão de obra escrava). Com nenhuma produção, os 100% de alíquota gerariam a mesma arrecadação de um imposto zero: nada. Porém, com imposto zero pelo menos haveria estímulo à produção, com imposto de 100% há quase uma proibição.

Emissão de dívida

Como aumentar impostos não costuma ser algo popular, exceto quando feito "sobre os outros", governos, sobretudo em períodos mais próximos de uma eleição, preferem usar outras formas de se financiar. Uma muito popular é a emissão de dívidas.

Se pararmos para pensar um instante na mentalidade de alguém que atinge níveis altos de prosperidade financeira, veremos que essa pessoa normalmente gasta menos do que ganha, renunciando a parte de seu poder de consumo hoje, para poupar e investir, multiplicando seu capital, de modo a poder consumir mais no futuro. Os bem-sucedidos entre nós geralmente seguem essa conduta, adiando a gratificação no presente para ter um amanhã mais rico.

A opção contrária é se endividar para consumir mais hoje, aceitando pagar o preço pelo uso desse dinheiro que não é seu, os juros, e tendo como consequência um menor poder de consumo no futuro. Quem costuma fazer isso por muito tempo acaba com pouco ou nenhum patrimônio construído ao longo da vida.

Porém, pense em quão fascinante seria se você pudesse consumir mais hoje, muito mais, e não tivesse que pagar essa conta no futuro. Isso seria uma maravilha, não é? Pois é justamente o que políticos costumam fazer ao emitir dívida pública.

A emissão de dívida dá ao governo mais capacidade de gastar agora, e talvez cumprir parte das promessas eleitorais, em troca de ter menos poder para gastar no futuro. Contudo, se o prazo de vencimento dessa dívida é maior que o tempo de permanência no cargo do governante, quem vai experimentar o efeito desse menor poder de consumo futuro não é o burocrata atual que fez a dívida, mas sim um outro político que "pagará a conta" (entre aspas, porque nós e nossos descendentes é que pagaremos a conta). Com um pouco de sorte, talvez esse político seja até um rival ideológico. Se a dívida for de longo prazo então, melhor ainda, já que no longo prazo, como dizia o economista John Maynard Keynes, estaremos todos mortos.

Perceba que se todo político eleito pensar assim, e há estímulos para pensarem, já que o político gastão geralmente tem níveis de popularidade mais altos, em pouco tempo o país ficará atolado em dívidas. Uma olhada rápida nos níveis de endividamento dos países em comparação ao Produto Interno Bruto (PIB) anual, a soma de todas as riquezas produzidas pelo país, mostra que isso já está acontecendo.

Qual o limite para emissão de dívida?

Uma dívida de 1 trilhão de dólares é alta? Depende. Se estivermos falando que o Suriname, um país pequeno que não é dono da máquina de criar dólares, deve todo esse dinheiro, sem dúvida nenhuma. Essa dívida seria praticamente impagável, já que atualmente o PIB do Suriname é 33 vezes menor que esse montante. Porém, se o devedor for os Estados Unidos da América (EUA), que possui um PIB de dezenas de trilhões e ainda é dono da máquina de criar dólares, dever um trilhão não seria problema. Ninguém pensaria duas vezes antes de continuar emprestando dinheiro aos EUA; em contrapartida, investidores prudentes jamais continuariam a financiar a dívida do Suriname.

Logo, repare que pouco adianta olhar o valor da dívida de forma isolada para saber se ela é alta ou não. É necessário compará-la com alguma métrica, a mais comum para países é dividir a dívida pelo PIB e mostrar a relação em termos percentuais. Exemplo: Dívida/PIB de 80%, significa que para 80 centavos de dívida há 1 real (pensando em Brasil) de riqueza gerado.

Pelo exemplo acima também vemos que certos níveis de dívida são aceitáveis enquanto outros não são. Depois que a dívida começa a ficar muito grande, os investidores se tornam mais cautelosos, deixando de emprestar ou exigindo juros maiores devido ao maior risco. É razoável cobrar juros bem mais altos na hora de emprestar dinheiro à Argentina, país muito endividado que já deu uma dezena de calotes internacionais, enquanto cobram-se juros baixos da Suíça, país cuja bandeira virou símbolo de qualidade e confiança.

E qual seria o limiar que tornaria uma dívida grande demais? Eu desconheço um número definido como uma barreira formal, porque cada caso será diferente. Países desenvolvidos normalmente possuem mais credibilidade que países emergentes e podem conviver com maiores níveis de Dívida/PIB. Atualmente a dívida do Japão passa de 200% de seu PIB, a da Itália passa de 100%, a própria dívida americana é maior que 100% do PIB, e mesmo assim esses países conseguem emitir mais dívida com juros bem menores do que os nossos. Poucas pessoas param para pensar nisso, mas uma dívida dessa magnitude significa dizer que para cada 1 dólar, euro ou iene de riqueza gerado pelos cidadãos desses países, existe mais de 1 dólar, euro ou iene de dívida. Eu pessoalmente acho isso assustador.

Nos países emergentes, níveis de dívida bem mais baixos já fazem com que os juros cobrados fiquem maiores, do contrário, o número de investidores disposto a emprestar dinheiro ao Estado quase sumiria. Com juros maiores, a velocidade de crescimento da dívida será mais alta, e nesse ponto há um problema.

Com o país gastando mais do que arrecada, e continuamente emitindo dívidas para bancar esse excesso de gastos com taxas de juros que fazem a dívida crescer mais do que o PIB – por exemplo, com a dívida crescendo a juros médios de 10% ao ano, enquanto o PIB cresce 2% –, será uma questão de tempo para que a dívida ultrapasse o valor do PIB.

Isso seria um grande problema? Para o Brasil, o tabuleiro do nosso jogo, creio que sim. Primeiro porque não temos o nível de confiança internacional de um país desenvolvido, segundo porque seria bem mais caro emitir mais dívida, terceiro porque a rolagem da dívida (a atividade de pagamento dos juros) também consumiria cada vez mais recursos. Com grandes obrigações de pagamento e dificuldade de conseguir mais crédito junto a investidores, ficaríamos numa situação complicada.

Porém, ainda resta uma "saída", e não é um calote...

Liguem as impressoras! Vamos criar mais dinheiro

Se existe um limite para a cobrança de impostos e se também há limites para a emissão de dívida, não há limite para a criação de moeda, porém, há fortes consequências... E é justamente pelas consequências que você é praticamente obrigado a entender sobre dinheiro se não quiser correr um sério risco de passar necessidade no futuro.

Escambo, sal e electrum

Antes de falar sobre a impressão de dinheiro hoje, convém fazer uma breve volta ao passado para entender como chegamos até aqui: tudo começou com as trocas.

Nos primórdios das sociedades de caçadores coletores humanos, por vezes, tribos diferentes acabavam se trombando na busca por recursos escassos. Quando esses encontros entre grupos de estranhos não terminavam em assassinato, extermínio ou escravidão, eventualmente algum escambo que fosse bom para ambas as partes poderia acontecer.

Exemplo: um grupo veio do litoral e tem amplo acesso a peixes, o outro habita uma planície e se especializou no abate de búfalos, possuindo muitas peles. Como o peixe para o primeiro grupo é abundante e as peles são raras, enquanto para o segundo grupo temos a situação contrária, uma troca é benéfica para as duas tribos.

A questão é que tal troca enfrentava o chamado problema da coincidência dos desejos. Se uma das partes não quisesse peixes, mas sim lanças, a troca não iria acontecer a menos que alguém que tem lanças fosse encontrado e topasse receber em peixes. Repare que trocas assim são pouco dinâmicas. Percebendo a questão, as culturas do passado foram notando que alguns itens eram mais facilmente aceitos em trocas em comparação a outros.

Dando um exemplo: nem todo mundo poderia querer peixes, peles ou lanças, mas todos precisavam de sal para conservar alimentos. Se por essa qualidade o sal era aceito e guardado por muita gente, ele se tornava o item mais líquido dessa economia fictícia (no sentido de ser o mais fácil de ser trocado) e naturalmente se transformava no meio de troca mais usado. Vale dizer que os resquícios do uso de sal como meio de troca chegaram até nossos tempos através da palavra salário, derivada do *salarium argentum* – nos primeiros séculos da república romana, parte do pagamento das tropas era feito com sal.

Porém, armazenar sal não é tão simples. Ao longo do tempo ele pode perder a capacidade de salgar; em pequenas quantidades, voa; se molhado, dissolve. Para culturas que habitavam regiões com altos índices pluviométricos, ter um dinheiro que "some do seu bolso" quando chove seria assaz problemático. Na busca por melhores soluções, entre uso de conchas, sementes e uma miríade de outros itens, um povo que habitava a região da atual Turquia acabou se destacando ao ter a ideia de cunhar discos padronizados de electrum, uma liga metálica natural formada por diferentes quantidades de prata e ouro, para usá-los como meio de pagamento. Nascia assim a primeira moeda: o estáter da Lídia.

Fulano é rico como Creso

A região da Lídia era famosa na antiguidade por sua grande riqueza. O mito do rei Midas, aquele que foi agraciado com um toque que transformava tudo em ouro, teria se passado por lá. O mito diz que certa vez o pai adotivo do deus Dionísio, divindade das festas e do vinho, foi achado bêbado nas terras de Midas. Em vez de tratar mal o bêbado, Midas reconheceu em Sileno, o bebum em questão, a figura do pai de Dionísio e o tratou com todas as honras merecidas. Em agradecimento,

Dionísio concedeu a Midas um desejo, dizendo que ele poderia pedir qualquer coisa.

Midas, embora já muito rico, desejava ampliar ainda mais a extensão de seu tesouro. Por isso pediu ao deus o dom de transformar tudo que tocasse em ouro. Mais tarde, já no século XVIII, um matemático europeu chamado Daniel Bernoulli iria se dedicar a explicar por que o rei Midas nunca ficaria feliz com esse poder, uma vez que, nas palavras de Bernoulli, "a satisfação resultante de qualquer pequeno acréscimo de riqueza será inversamente proporcional à quantidade de bens anteriormente possuídos".

Midas ainda não tinha como saber das ideias de Bernoulli, mas o deus Dionísio, mais sábio que um mortal, talvez entendesse o conceito, porque achou a ideia de Midas péssima, mas, compelido por sua promessa, deu ao insensato rei o que ele queria.

Midas ficou maravilhado ao ver que ao pegar uma pedra ela se transformava em uma pepita, ao tocar em uma estátua, o bronze se transformava em puro ouro. No entanto, o que parecia uma bênção acabou se revelando rapidamente uma maldição. Ao tocar sua comida, Midas viu horrorizado que ela também virava ouro; o vinho se transformava em ouro líquido em sua garganta.

Vendo o pai triste com o resultado do tolo pedido, a filha de Midas, com pena, correu para acudi-lo e, imediatamente, se transformou numa magnífica estátua de ouro ao tocá-lo. Desesperado com os acontecimentos, Midas implorou para que Dionísio removesse a maldição. Ainda grato pelo tratamento reservado a seu pai, Dionísio disse a Midas que ele deveria lavar as mãos e tudo que havia tocado nas águas do rio Pactolo. Ao fazer isso, a maldição foi removida e a filha de Midas voltou à vida. Para os antigos gregos, o toque de Midas que transformava tudo em ouro seria o responsável pela grande quantidade de ouro que existia no leito do rio Pactolo.

Com toda essa abundância, não é de se espantar que as primeiras moedas tenham sido cunhadas e aperfeiçoadas nessa região. Após a moeda feita de electrum, o rei Creso, governante da Lídia no século VI a.C., ciente de que o diferente teor de ouro nas ligas de electrum tornava difícil a padronização do valor da moeda (moedas com pouco ouro valiam o mesmo que moedas com muito ouro), resolveu descontinuar a produção das moedas de electrum, separando os metais para criar moedas de ouro e prata.

Quem me acompanha nas redes sociais sabe que sou um colecionador de moedas antigas, preferencialmente gregas e romanas – lembrando que, no passado, boa parte da região do Mediterrâneo era conhecida como Magna Grécia (a grande Grécia) por sofrer influência helênica. Dentre os itens de minha coleção, tenho o orgulho e a satisfação de ter em meu acervo um estáter da Lídia do tempo do rei Creso.

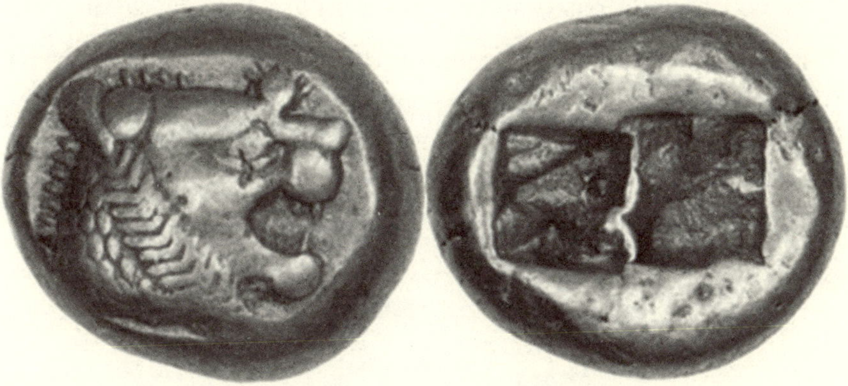

Estáter da Lídia

Sempre que pego essa moeda, fico pensando no tanto de pessoas que já tocaram nesta preciosidade durante sua viagem no tempo e espaço até chegar em minhas humildes (nem tanto) mãos. E este é justamente um ponto interessante a ser notado: um punhado de cevada ou sal poderia ter chegado incólume, com todas as suas propriedades, até minha casa após a passagem de 2.600 anos? Evidentemente, não! Mas a moeda de Creso chegou.

Por que ouro e prata?

Naturalmente, um espírito curioso poderia se perguntar por que ouro e prata foram usados para cunhagem de moedas enquanto outros elementos e substâncias não foram.

Dando um passo atrás e voltando até as aulas de química da sua escola, procure se lembrar de uma tabela periódica – há uma no livro para facilitar o processo.

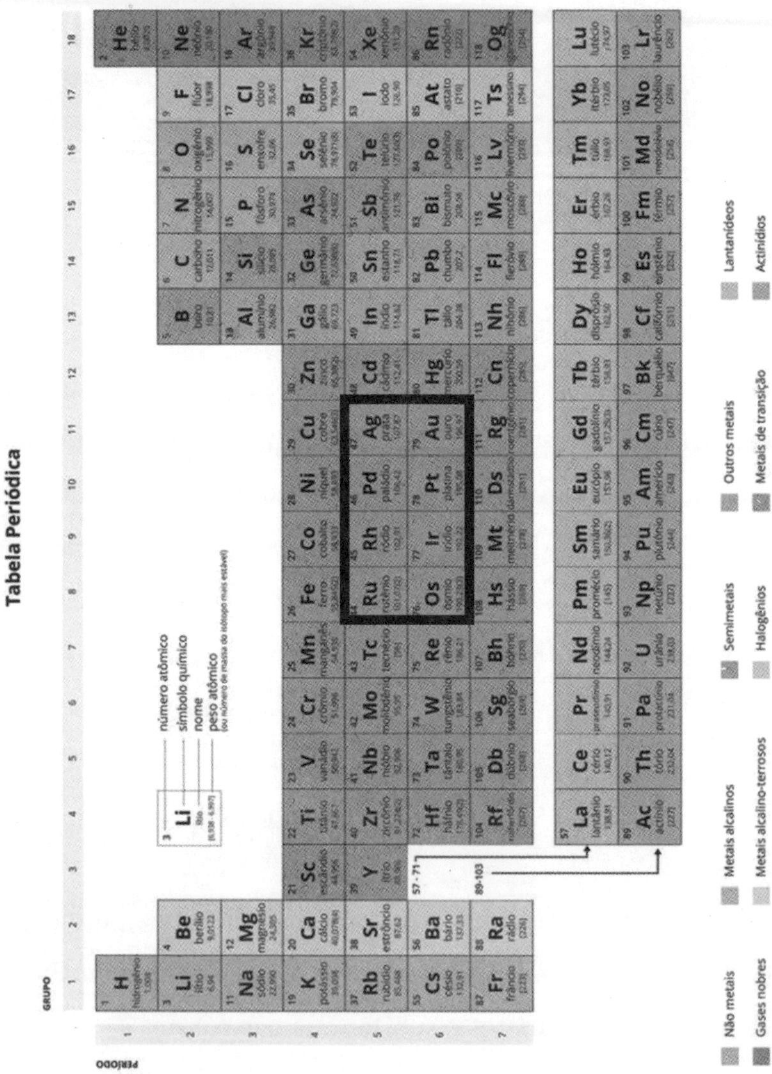

Olhando para a tabela e pensando naquilo que pudesse ser usado como moeda, naturalmente teremos de excluir o que é gasoso em temperatura ambiente. Nisso saem os gases nobres, nitrogênio, oxigênio, hidrogênio etc.

Embora a moeda seja aquilo de mais líquido que existe numa economia, no sentido de ser fácil de ser trocada, um dinheiro em estado líquido não seria prático para trocas, ainda mais para povos antigos. Então temos que tirar mais uma série de elementos da tabela, inclusive metais como o mercúrio, que são líquidos em temperatura ambiente.

Aproveitando o ensejo do mercúrio, que os antigos não sabiam mas era altamente tóxico para o homem, vamos retirar tudo que nos faça mal, porque você não quer carregar no bolso uma moeda de arsênico que vá envenená-lo, uma moeda de urânio que te cause câncer ou uma de chumbo que se acumulará no seu corpo e no de seus descendentes – alguns autores especulam que Calígula, Nero e outros governantes romanos "loucos" eram vítimas do acúmulo de chumbo em seus organismos. Esse elemento era usado em canos que levavam água até os palácios, em taças e até mesmo como adoçante para vinhos (acetato de chumbo).

Conforme vamos cortando os elementos, ficamos cada vez mais restritos ao grupo dos metais. Embora vários deles tenham sido usados como moedas no passado, alguns simplesmente são quebradiços demais (alumínio) ou perdem suas propriedades por alterarem sua coloração (cobre) ou enferrujarem (ferro).

No final, pensando em algo sólido em temperatura ambiente, raro a ponto de ter certo valor por escassez e capaz de manter suas propriedades com a passagem do tempo, chegaríamos a um grupo restrito de oito metais: prata, platina, paládio, ródio, ósmio, irídio, rutênio e ouro. Cabe salientar que desses oito, apenas um é dourado: o ouro.

O fascínio que os metais preciosos exercem sobre o ser humano é tão grande que mesmo culturas que não utilizavam moedas costumavam atribuir uma função estética ou religiosa aos metais. Os incas, por exemplo, diziam que o ouro era o suor do sol, enquanto a prata era as lágrimas da lua.

Um poeta grego de nome Simônides de Ceos afirmava que "o tempo tem dentes afiados que destroem tudo, até mesmo as coisas mais sólidas". Aparentemente, os dentes do tempo são incapazes de destruir o ouro e a prata. A moeda feita de metais preciosos teve sucesso onde outros itens falharam justamente por sua capacidade de manter suas propriedades mesmo diante do maior teste de estresse que existe: a passagem do tempo.

Creso, tido como o homem mais rico de sua época, o que inclusive originou o ditado que batizou um de nossos tópicos, não tinha como saber, mas sua invenção foi tão bem-sucedida que iria ser copiada por outros povos durante milênios. A escolha de metais que não se deterioravam, eram fracionáveis e com pontos de fusão baixos a ponto de permitir que culturas primitivas conseguissem moldá-los em forma de disco, incorporando os símbolos de sua pátria ou o rosto do soberano da época, foi certeira.

As funções de uma moeda

Para algo ser caracterizado como uma moeda, é necessário que desempenhe três funções (no passado, poderíamos dizer que a moeda possuía quatro funções): ser uma unidade de conta, um meio de troca e uma reserva de valor.

Sendo que dentre as três, a mais importante na visão deste humilde (nem tanto) autor é ser uma reserva de valor. É dessa qualidade que as outras duas derivam. Contudo, é importante destacar que essa opinião vai contra o pensamento de economistas notórios, como o americano Murray Rothbard.

Para Rothbard, a característica mais importante de uma moeda é ser um meio de troca, já que, quando para de ser usada para tal finalidade, a mercadoria em questão acaba deixando de ser uma moeda. Um exemplo disso é o ouro nos dias atuais. Ele ainda preserva valor, mas não é usado em trocas com a mesma frequência do passado. De fato, o economista americano tem um bom ponto, mas eu também tenho...

Pense novamente nas culturas antigas usando diferentes objetos com mais ou menos sucesso nas suas trocas. Alguns desses objetos estragavam, mas os metais preciosos, como já vimos anteriormente, não. Eles eram capazes de ser transportados pelo tempo e espaço mantendo suas características. Eles poderiam ser guardados como uma poupança para consumo futuro por muito mais tempo que itens perecíveis.

Dando um exemplo, um indivíduo não consegue armazenar e transportar sua capacidade de trabalho 50 anos no tempo, mas ele poderia trocar seu trabalho por prata, que seria utilizada 50 anos depois para pagar pelo trabalho de outras pessoas em outra localização geográfica. Ou seja, metais preciosos eram (e ainda são) uma ótima reserva de valor.

Se essa ideia se torna dominante em uma cultura, comerciantes podem passar a não aceitar outros itens como meio de troca, exceto os metais, justamente por saberem que muitos irão aceitá-los em trocas futuras. Sendo que, caso as trocas não aconteçam, os metais podem ficar facilmente armazenados por tempo indeterminado.

Por fim, se a maior parte das trocas passam a ser feitas em moedas de prata e ouro ao invés de cevada ou trigo, faz sentido exprimir preços nessas moedas.

Repare que no raciocínio acima há uma ordem: (I) as pessoas guardam algo por entenderem que há valor naquilo (reserva de valor), (II) os participantes da economia passam a demandar o que tem valor como um meio de troca, (III) com o amplo uso nas trocas, faz sentido utilizar este item para exprimir preços como uma unidade de conta.

"Bruno, e a quarta função que você citou?" Em épocas carentes de meios de comunicação eficientes, a moeda também funcionava como uma ótima forma de espalhar uma mensagem.

Dando um exemplo, Filipe II da Macedônia, o pai de Alexandre, o Grande, era tido como um bárbaro por boa parte dos gregos antigos. E como um bárbaro, Filipe não podia disputar os famosos jogos olímpicos, que naquela época já contavam com impressionantes 4 séculos de existência, porque eles eram exclusivos para gregos. Contudo, após estender seus domínios sobre a região da Tessália, parte do que era considerada a Grécia, Filipe ganhou o direito de disputar as Olímpiadas.

Boa parte das pessoas não sabe disso, mas além de um brilhante comandante militar, segundo Plutarco, Filipe II foi campeão olímpico vencendo as modalidades de corrida de cavalo, bigas e quadriga em diferentes edições dos jogos. Como a visão da época era de que os vencedores eram os favoritos dos deuses, Filipe cunhou uma moeda de prata com a face de Zeus no anverso e a imagem de um cavaleiro campeão no reverso.

À medida que a moeda se espalhava pela economia grega, também se espalhava a notícia de que Filipe II, o rei da Macedônia, era um vencedor olímpico protegido por Zeus. Convenhamos, essa é uma ótima peça de propaganda para auxiliar a vida de um conquistador. Vale dizer que a primeira vitória olímpica de Filipe foi em 356 a.C., ano de nascimento de seu filho, Alexandre, o que foi considerado um ótimo augúrio.

Hoje, com meios de comunicação muito mais eficientes, embora as moedas ainda possam ser usadas para propaganda, tal prática não tem mais o mesmo efeito.

Tetradracma de Filipe II, cunhado para espalhar a mensagem de sua vitória olímpica em 356 a.C.

Do denário ao dinheiro

No momento em que escrevo estas páginas, a unidade de conta, meio de troca e reserva de valor internacional, ou seja, a moeda do mundo, é o dólar.

Se um japonês faz negócios com um mexicano, eles não vão usar ienes e pesos para liquidar a transação, eles usarão o dólar. As estimativas variam de acordo com a definição de troca, mas, seguramente, entre 60% e 80% das transações comerciais internacionais são feitas em dólar.

Contudo, o reinado do dólar teve início (1944, na Conferência de Bretton Woods, assunto que veremos à frente), tem um meio (estamos nele agora) e um dia terá fim. E digo isso com absoluta certeza porque já vi o filme antes através do estudo da história das moedas.

Um capítulo que merece destaque nessa trama, até porque mostra os problemas das moedas de metais preciosos, é o do denário romano, que foi, a sua época, o dólar do mundo antigo.

O denário foi tão importante que a própria palavra dinheiro se origina de seu nome, e não apenas no nosso idioma. "Dinero" em espanhol, "denaro" em italiano e o "dinar" árabe, que durante muito tempo foi a moeda dos países de cultura islâmica (continua sendo até hoje em vários países, com poucas variações no seu nome), são palavras que significam dinheiro, e todas são derivadas da mesma origem: o denário romano.

A César o que é de César

A frase acima é atribuída a Jesus ao ser indagado sobre o pagamento de impostos pelos judeus aos conquistadores romanos. Jesus teria pegado uma moeda romana e perguntado ao povo: de quem é a face na moeda? A resposta: a face é de César (mais especificamente de Tibério, segundo imperador romano). Jesus então teria dito: dê a César o que é de César, e a Deus o que é de Deus. A moeda da história acima era um denário.

Originalmente pesando 4,5 gramas de prata, o denário surgiu na época da república romana e existiu durante todo o período áureo do império, caindo em desuso após a criação de uma outra moeda, o antoniniano, na era dos imperadores da dinastia dos Severos. O próprio processo de substituição do denário pelo antoniniano é interessante para mostrar o problema que existe ao se ter uma moeda com valor nominal, mas que também possui valor como mercadoria.

Porém, antes de chegar nessa parte, vamos seguir um axioma matemático antigo que afirma que devemos partir do conhecido para o desconhecido, dando um exemplo atual para facilitar o entendimento, já que nenhum de nós está acostumado a transacionar com moedas de prata ou ouro.

Pense em uma nota de 100 reais. Ela possuiu um valor nominal – 100 unidades de real –, mas não possuiu um valor como mercadoria. Se você cortar um pedaço da borda dessa nota, ninguém vai querer comprar esse pedaço por 1 centavo, ainda que ele seja equivalente a um décimo da nota em termos de massa ou área.

Agora pense em uma moeda de prata, que possui um valor nominal – 1 denário –, mas também possuiu um valor como mercadoria, uma vez que 4,5 gramas de prata podem ser vendidos e usados para fabricação de uma miríade de itens. Um romano "malandro" poderia cortar as bordas da moeda, da mesma forma que pensamos em fazer com as notas, e vendê-las pelo seu peso em prata. Se ele cortar o equivalente a um décimo da moeda, poderia vender por 1/10 de denário e continuar passando o denário cortado, que agora contém menos prata, em transações financeiras feitas com pessoas que não se atentam a esse fato.

Obviamente, ao se dar conta do problema, o Estado romano tornou essa prática criminosa e começou a fazer moedas com bordas demarcadas. Então o romano "malandro" teve outra ideia: já que cortar ficou mais complicado, por que não simplesmente esfregar uma moeda na outra? Assim ele poderia recolher o pó da prata e vender como mercadoria. Sendo que, se alguém estranhasse a moeda e chamasse as autoridades, a desculpa seria que o processo ocorreu naturalmente devido ao atrito das moedas balançando e se chocando dentro de uma algibeira.

Denário da época do imperador Marco Aurélio.
Observe as bordas demarcadas com pontos.

Perceba que até agora só falamos de pequenos malandros, mas não dos grandes. O padre Antônio Vieira, considerado um dos maiores autores da língua portuguesa, escreveu em seu *Sermão do Bom Ladrão,* no século XVII, que "O roubar pouco é culpa, o roubar muito é grandeza: roubar com pouco poder faz os piratas; o roubar com muito, os Alexandres". Isso também vale para os Césares.

Se a produção de moedas é monopólio do Estado romano, e o Estado romano tem despesas para pagar com sua expansão e manutenção, por que não produzir denários com um pouco menos de prata, algo que a maior parte do povo nem iria perceber, para poder produzir mais? Se 450 quilos de prata produziam 100 mil denários de 4,5 gramas, a mesma quantidade de prata poderia produzir 200 mil denários ao diminuir seu peso em prata pela metade. Nesse exemplo, um soldado romano que tinha um salário de 50 denários continuaria recebendo os mesmos 50 denários nominalmente, mas 50% a menos em prata.

A substituição do denário pelo antoniniano se deu justamente dessa forma. O governo romano criou o antoniniano com valor nominal de 2 denários, mas com apenas 1,6 vez seu peso em prata. Ou seja, se o denário tinha, a essa altura, 3 gramas de prata, o antoniniano deveria ter 6, mas só tinha 4,8 gramas.

Pela falta de equivalência, era compensador para o Estado cobrar impostos em denários enquanto pagava suas despesas em antoninianos, da mesma forma que era compensador para o romano trocar um antoniniano por 2 denários para entesourar mais prata ou derreter o denário e vender o metal como mercadoria.

Séculos depois, esse fenômeno ficaria conhecido como Lei de Gresham: o fato de que uma moeda artificialmente sobrevalorizada acaba por tirar de circulação uma moeda artificialmente subvalorizada. Dando um exemplo contemporâneo para facilitar o entendimento, se o governo brasileiro, do nada, decretasse que o dólar deveria novamente custar um real, qualquer pessoa com o mínimo de entendimento da economia sairia correndo para trocar seus reais artificialmente sobrevalorizados por dólares artificialmente subvalorizados nesta "promoção". Com a grande procura, o dólar deveria subir de preço, mas como seu valor no exemplo estaria estabelecido por decreto, a consequência seria a escassez de dólares, já que ninguém iria querer vender por um preço sabidamente abaixo do normal. O resultado seria que todos os dólares seriam entesourados e somente reais estariam em circulação.

Outra adulteração comum era colocar metais pouco valiosos, como o cobre, na composição de moedas de prata. Em alguns momentos da história romana o nível de cobre nas moedas era tão alto que elas eventualmente mudaram de cor.

Após sucessivas rodadas desses "truques monetários" ao longo de séculos, a moeda romana já estava tão desgastada que praticamente não era mais moeda. Como quase não tinha metais preciosos em sua composição e era continuamente produzida em quantidades cada vez maiores, não era usada como uma reserva de valor; por não ser uma reserva de valor, era pouco demandada como meio de troca; e com poucas trocas, não havia por que exprimir preços nessa unidade de conta.

Antes da queda do império romano do ocidente, em 476 d.C., até o Estado romano já preferia receber impostos em mercadorias em vez de receber na sua própria moeda. No final, perceba que até César já não queria mais o que era de César.

A QUE PORTO **SE DIRIGE...**

2

Papel-moeda

Friedrich August von Hayek, provavelmente o homem mais citado em meu podcast (pois é, à frente até do filósofo estoico Sêneca), em sua obra *A Desestatização do Dinheiro,* afirma que "os chineses haviam sido levados por sua experiência a proibir o papel-moeda (sem sucesso, é claro) antes mesmo que os europeus o tivessem inventado". Por que será que isso aconteceu?

Já vimos que as moedas metálicas tinham problemas, que eram adulteradas tanto por indivíduos quanto pelo próprio Estado. Devido ao desgaste, natural ou provocado, muitas moedas de mesmo valor nominal (um denário, por exemplo) eram negociadas com deságio no dia a dia (seu denário está tão desgastado que só aceito que ele valha meio denário numa troca). Além disso, o transporte de grandes quantidades de moeda era perigoso e problemático. Enquanto um recipiente com um litro de água pesa apenas 1 quilo, o mesmo recipiente com prata pesaria 10,49 quilos; com ouro, 19,3 quilos.

Diante desses problemas, estabelecimentos de confiança especializados em guardar metais preciosos foram surgindo. Mediante uma taxa, era possível deixar ouro e prata no local sem medo de que fossem adulterados, recebendo um recibo por isso, que poderia ser trocado novamente pelos metais quando o dono assim desejasse. Este foi o começo do sistema bancário.

Com o tempo, o próprio recibo bancário foi se tornando um meio de troca. Perceba que se um indivíduo quisesse comprar algo de outro, melhor do que ir até o banco para pegar seu ouro e transportá-lo até o local da compra, o que envolveria custos, para que depois o vendedor provavelmente fizesse o caminho de volta para guardar o ouro novamente na instituição, era simplesmente passar o recibo ao novo portador.

Esse recibo, um pedaço de papel criado pelo banco, tinha valor porque poderia ser trocado por uma certa quantidade de ouro. Logo, ele possuía um lastro em ouro. Note que o significado da palavra lastro envolve a ideia de equivalência e troca automática: as notas de papel poderiam, a qualquer tempo, ser trocadas pelos metais preciosos que representavam.

Se antes a criação de moeda era monopólio do Estado, perceba que o recibo acima era praticamente dinheiro criado pelo banco. Esse dinheiro bancário poderia ser usado como meio de troca, sendo trocado inclusive por moeda estatal, unidade de conta caso fosse muito utilizado e, como estava lastreado em ouro, reserva de valor.

A tentação

Como os depositantes raramente voltavam para exigir seu ouro ou prata de volta, e quando faziam isso, tal movimento não acontecia todo de uma vez, não demorou muito para que os bancos percebessem que estavam submetidos a uma tentação similar à dos Césares do passado: por que não criar mais dinheiro de papel, para aumentar o lucro bancário, mesmo sem ter lastro em metais para isso?

Como o dinheiro bancário era dinheiro de verdade, o banco poderia "imprimir" mais, usar esses novos recursos para pagar por serviços e remunerar seu pessoal, sem experimentar nenhuma consequência negativa, enquanto os depositantes não exigissem de volta mais metais preciosos do que o banco teria em estoque. Como os bancos que adotavam tal prática tinham só uma fração dos metais preciosos em seus depósitos, tal sistema ficou conhecido como sistema de reservas fracionárias. Com algumas modificações, esse sistema existe até hoje.

Essa aparente "otimização" fazia com que bancos mais conservadores, que não aderiam ao esquema acima, tivessem menos lucro do que os bancos que criavam mais dinheiro enquanto nada de ruim acontecia. Com menos lucro, essas empresas cresciam menos, tinham menor condição de enfrentar a concorrência e menor poder de diminuir tarifas em outros serviços para conquistar mais clientes. Portanto, a competição acabava conferindo uma pressão para que os bancos aderissem à inovação bancária de operar com reservas fracionárias.

Contudo, essa otimização guardava consigo uma fragilidade: se um banco tivesse emitido o dobro de dinheiro em comparação aos metais em reserva, bastaria que clientes quisessem trocar metade de suas notas por ouro para que a instituição quebrasse. E para que isso acontecesse, muitas vezes a única coisa necessária era um boato de que o banco iria quebrar. Tal boato, caso o banco tivesse abusado do uso do sistema de reservas fracionárias, se transformaria numa profecia autorrealizável e somente uma parte dos depositantes conseguiria seus metais preciosos de volta.

O escocês e a Bolha do Mississipi francesa

Enquanto apenas pequenos bancos quebravam por abusar do sistema de reservas fracionárias, os problemas eram pontuais; a questão preocupante era quando um grande banco, como um banco do Estado com ampla credibilidade, fizesse a mesma coisa. Um dos episódios mais emblemáticos para se ilustrar este ponto aconteceu na França, nas primeiras décadas do século XVIII.

Após a morte de Luís XIV, o Rei Sol, protagonista do segundo reinado mais longo da história (perdendo apenas para a inglesa Elizabeth II), assume o trono seu bisneto, Luís XV.

Como o monarca tinha apenas 5 anos na ocasião, é nomeado como regente Filipe II, mais conhecido como o Duque de Orleans.

A França dessa época enfrentava uma grave crise financeira após anos de guerras e excessos por parte da luxuosa corte francesa que vivia orbitando o Rei Sol nos magníficos palácios de Versalhes. Interessado em soluções para o problema que não envolvessem um grande corte de gastos (governos raramente querem cortar gastos), o Duque de Orleans acaba conhecendo um escocês chamado John Law.

Inteligente, bonito e com um charme pessoal que lhe permitia ganhar a admiração das pessoas, John Law fez sucesso na corte francesa enquanto ganhava dinheiro em mesas de jogos de azar usando probabilidades matemáticas mal compreendidas por boa parte das pessoas da época – tendo em vista o grande número de usuários de sites de apostas atualmente, creio que também pelo público contemporâneo.

John Law é uma figura histórica deveras interessante. Tido por uns como um gênio inovador e por outros como um pilantra, alguém que teria inventado o famoso esquema Ponzi dois séculos antes de o ítalo-americano Charles Ponzi ter popularizado o arranjo (insustentável) no qual a entrada de novos investidores incautos é continuamente necessária para se pagar os antigos. Gênio ou golpista, de toda forma John Law era de fato inovador.

Filho de um ourives e banqueiro escocês (como ouro era dinheiro nessa época, a fusão das duas profissões era relativamente comum), John Law estudou economia e era um grande adepto da ideia do papel-moeda. Obrigado a fugir da Escócia após matar um oponente num duelo realizado, entre outras coisas, em decorrência de uma disputa amorosa, Law perambulou pela Europa durante anos e teve contato com diversas inovações econômicas e monetárias. Dentre elas, as inovações holandesas.

A despeito de seu pequeno território, a Holanda do século XVII era a grande potência da Europa, dona de uma moeda extremamente valorizada, o florim holandês, de uma marinha numerosa e de uma das empresas mais poderosas do mundo: a mítica Companhia das Índias Orientais Holandesa, conhecida pelo acrônimo VOC (em neerlandês, Vereenigde Oost-Indische Compagnie).

Fundada em 1602 após a fusão de 8 empresas que tinham como missão o comércio com as Índias, a VOC se destaca na história como uma das primeiras empresas de capital aberto do mundo e a mais valiosa de sua época. Sua fundação envolveu a participação de 1.143 investidores que aportaram cerca de 6,45 milhões de florins holandeses, mais de 7 vezes o capital da sua concorrente inglesa de mesmo nome.

Como a exploração da atividade de comércio ultramarino era muito arriscada e cara, fazia sentido compartilhar os riscos, juntando capital de diferentes investidores, e dividindo os lucros caso a empreitada desse certo. Em caso de perda de todos os navios, os prejuízos eram limitados somente ao capital que cada indivíduo teria investido. Nesse esquema, a cada final de viagem, com lucro ou sem, a empreitada terminava. A inovação por trás da VOC foi usar os lucros para fazer mais, e cada vez maiores, empreitadas.

Um exemplo de como as iniciativas conduzidas pela VOC foram bem-sucedidas está no fato de que, entre 1602 e 1650, na média, a companhia pagou dividendos de 27% ao ano. Essa soma era 8 vezes maior do que o volume aportado na criação da empresa. Um ponto interessante é que como a companhia não tinha uma data para ser encerrada e devolver o capital dos investidores, um acionista só poderia pôr fim a sua participação no empreendimento ao vender sua parte para outra pessoa. O mercado paralelo criado para que essas negociações acontecessem foi o embrião das bolsas de valores que existem atualmente.

Como a VOC era lucrativa e pagava bons dividendos, suas ações eram facilmente aceitas por bancos como garantia de empréstimos. Caso o indivíduo não fosse capaz de honrar seus compromissos, a instituição vendia as ações, muitas vezes até por preços mais altos do que quando foram dadas como garantia, recuperando o dinheiro ou suas próprias notas bancárias (que eram usadas como dinheiro).

Ao olhar para toda essa bonança criada pela tríade empresa gigantesca, bolsa de valores e bancos dando crédito com notas bancárias, a cabeça de John Law fervilhara. Agora ele só precisava de um local para colocar ideias similares em prática, e esse local seria a França.

A economia sou eu

Como já foi explicado nesta obra, Estados têm basicamente três formas de financiar seus gastos: (1) aumento de impostos, algo impopular e tremendamente difícil para um rei e seu regente que acabaram de assumir. Até porque não havia desculpas do tipo "é para poder investir mais em saúde e educação pública". Como não existia nada disso, o povo sabia que o aumento era para o rei poder gastar mais.

(2) Emissão de mais títulos de dívida, expediente largamente utilizado pela coroa francesa, tanto que já estavam com dificuldade de pagar as dívidas pregressas enquanto necessitavam de mais capital para as despesas atuais.

(3) Impressão de dinheiro. Em uma correspondência a um amigo, Law havia dito: "Eu descobri o segredo da pedra filosofal (substância capaz de transformar outros metais em ouro), é fazer ouro de papel". Essa terceira estratégia era o primeiro passo do plano de John Law.

Law iria criar um banco, o Banco Général (Geral), que mais tarde viria a se tornar o Banco Royale (Real), atuando como uma espécie de Banco Central da França. Como um entusiasta de papel-moeda, o objetivo com o banco era custodiar metais e dar aos depositantes notas bancárias "tão boas quanto ouro", nas palavras da época. Tais notas, teoricamente, poderiam ser convertidas a qualquer tempo novamente em metais preciosos.

Com a inovação do papel-moeda, John Law iria criar notas bancárias para que o governo francês pudesse pagar sua dívida pública com seus credores usando dinheiro de papel. O único risco era que nesse ponto já não havia ouro suficiente para todos caso houvesse uma corrida bancária, mas, para evitar a demanda pelo metal amarelo, entraria em cena a narrativa da Companhia do Mississipi.

A França era dona de uma grande extensão de terras na América do Norte, na região do atual meio oeste americano. Essa região era chamada pelos franceses, em homenagem aos seus monarcas Luíses, de Luisiana. Hoje, essa área seria o equivalente a quase ¼ do território dos Estados Unidos. Inclusive, uma grande sorte dos americanos foi que Napoleão Bonaparte, que governou a França quase um século depois dos incidentes descritos, decidiu vender a região para usar o dinheiro em suas guerras de conquista. Se isso não tivesse acontecido, os Estados Unidos certamente não seriam a potência que são hoje, com um território banhado por duas costas, com apenas dois vizinhos pouco problemáticos e sem pretensões expansionistas.

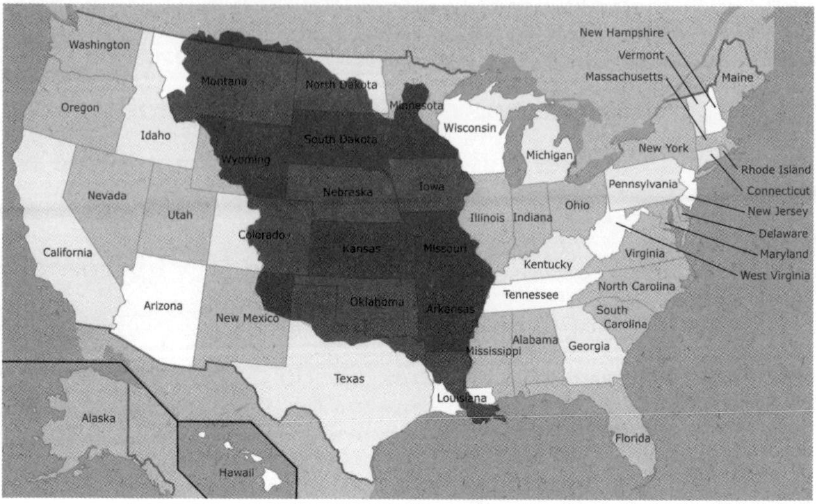

Em destaque a área da colônia francesa da Luisiana em comparação ao território americano atual.

Após ter visto a gigantesca riqueza criada pela VOC na Holanda, John Law resolveu fazer o mesmo na França através da criação de uma empresa monopolista que exploraria o comércio com a região da Luisiana. Essa empresa era a Companhia do Mississipi, batizada com o nome do principal rio da região, responsável por escoar a suposta riqueza que seria produzida até o porto de Nova Orleans, cidade batizada em homenagem ao Duque de Orleans, no Golfo do México.

Para capitalizar a empreitada, Law vendeu ações da Companhia para o público, após um trabalho de propaganda que envolvia narrativas de que a região do Mississipi era coberta de metais preciosos, riquezas diversas, rios de leite e mel e com gentis habitantes locais prontos para auxiliar os franceses no carregamento de ricas iguarias que seriam vendidas a preços exorbitantes na Europa.

As ações foram um sucesso instantâneo, subindo velozmente de preço. De 500 livres (moeda da época) em sua oferta inicial, em junho de 1719, para mais de 10 mil livres nos 6 meses seguintes. Como as ações só podiam ser negociadas em dinheiro de papel, aquele criado pelo próprio John Law em seu banco, ninguém queria trocar suas notas por metais preciosos e abrir mão das riquezas que viriam do Novo Mundo. Parecia que onde alquimistas falharam, o financista John Law obteve sucesso: ele, de fato, havia transformado papel em ouro.

Como aponta o historiador escocês Niall Ferguson em sua obra *A Ascensão do Dinheiro,* se Luís XIV costumava dizer "l'Etat c'est moi" (o Estado sou eu), a essa altura John Law poderia tranquilamente dizer "l'économie c'est moi" (a economia sou eu), uma vez que era dirigente e principal acionista da Companhia do Mississipi, do Banco Real e o grande patrocinador dos gastos da coroa.

Fazendo um paralelo atual para melhor compreensão, seria como se John Law fosse o presidente do Banco Central e também CEO e principal acionista de todas as empresas que compõem o Ibovespa, nosso principal índice de ações. Law tinha o poder de emitir dinheiro para comprar dívida pública do Estado, ajudando o governo a poder gastar mais, sendo que esse dinheiro começaria a circular pela economia e cairia na mão das pessoas, que usariam tais somas para comprar ações da Companhia do Mississipi, uma vez que as notícias eram de que ela traria riquezas incomensuráveis à França. Com muita gente querendo comprar as ações, os preços subiriam. Perceba que, neste ciclo, quanto mais impressão de dinheiro, maior a riqueza de John Law.

A espada de Dâmocles

Uma história antiga diz que Dâmocles, um cortesão de Siracusa, cidade que fica na atual Sicília, teria dito ao tirano Dionísio – antes de virar um adjetivo pejorativo para governantes centralizadores, tirano, assim como ditador, era um cargo político na antiguidade – que governar era muito simples. Dionísio então diz a Dâmocles que agora ele irá governar.

Contudo, sobre o trono do qual Dâmocles deveria dar suas ordens Dionísio coloca uma espada suspensa, presa ao teto por um único fio de uma crina de cavalo. Tal espada seria uma metáfora para que Dâmocles entendesse que o governante pode ter todo o poder num determinado momento, mas, de repente, ao arrebentar o fio, não teria mais poder algum. Em suma, a posição dos poucos que governam a vida de muitos sempre será frágil.

Dâmocles sentado abaixo da espada que parece flutuar, presa apenas por um fio tão fino a ponto de ser invisível na imagem.

De fato, John Law se tornou rico e poderoso como um nababo ao conduzir as finanças da França, mas seu poder era frágil. Law estava com a espada de Dâmocles pairando sobre sua cabeça ininterruptamente, e o fio da crina de cavalo estava para arrebentar...

Para que seu esquema desse certo, Law precisava das supostas riquezas do Mississipi. Quanto mais riqueza a ser explorada, maior o valor das ações da empresa, e menor o interesse dos franceses em trocar as ações por notas bancárias que, em seguida, poderiam ser trocadas por metais preciosos no banco. Lembrando que esses metais eram inexistentes, pelo menos em comparação à quantidade de notas.

A fim de ter mais capital para investir no Novo Mundo e encontrar riquezas, o escocês fez seguidas emissões de novas ações que foram devoradas pelo público. Para aumentar o interesse da população, Law teria usado parte do dinheiro da venda das ações, que deveria entrar no caixa da Companhia para ser investido na Luisiana, para pagar dividendos aos antigos acionistas, sendo ele mesmo um dos maiores. Neste ponto, o que era uma bolha se tornou também um esquema Ponzi, com o dinheiro dos novos investidores sendo utilizado para pagar os antigos.

O problema é que quanto mais se investigava a região do Mississipi, menos atrativa para o curto prazo ela se mostrava. Embora rica em terras férteis e com uma bacia hidrográfica que propicia aos Estados Unidos atuais o menor custo de frete hidroviário do mundo, não havia metais preciosos na região.

Após uma valorização de quase 20 vezes do preço inicial, alguns indivíduos mais atentos já estavam entendendo como funcionava a engenharia financeira de John Law. Um deles, um banqueiro irlandês que morava em Paris chamado Richard Cantillon (guarde esse nome, ele aparecerá novamente por aqui), chegou a vender todos os seus bens, valorizados com toda a falsa riqueza criada por Law, e saiu da França pela certeza de que, no final, haveria uma convulsão social.

Cantillon estava certo. Como nenhuma árvore é capaz de crescer até os céus, após alguns anos de bonança que propiciaram o surgimento da palavra "milionaire", adjetivo usado para os novos detentores de mais de 1 milhão em patrimônio, as vendas das ações começaram a acontecer.

As pessoas vendiam suas ações, recebiam uma contraparte em notas bancárias e depois, pelo menos as mais desconfiadas com toda a volumosa quantidade de notas em circulação, iam atrás do ouro no banco. Como nenhum metal precioso havia chegado das terras do Mississipi, não demorou muito para que o ouro em estoque se mostrasse insuficiente, gerando revolta na população que se viu enganada, com pilhas e pilhas de papéis sem valor e nada de lastro em ouro.

Law então apelou para manobras desesperadas, como proibir a troca de notas por ouro, imprimir mais notas para garantir a recompra das ações que não paravam de cair e até proibir a posse de ouro pelas pessoas, num decreto tido por Voltaire como "o mais injusto de todos os tempos".

No final, em meio à crise e protestos, John Law teve que fugir sorrateiramente da França e acabou morrendo esquecido na República de Veneza. Para quem quiser visitar seu túmulo, basta procurá-lo dentro da igreja de São Moisés. Eu mesmo, em minha última viagem a Veneza (que também foi a primeira, mas é sempre mais elegante dar a impressão de que já foram várias), visitei sua tumba... E confesso que tive certo trabalho para encontrá-la, uma vez que não há marca alguma de distinção e poucas pessoas do local sabem quem foi o escocês.

Quanto à monarquia francesa, alguns historiadores apontam que esse episódio teria sido mais um prego no caixão que levaria à Revolução Francesa. Eu tenho sérias dúvidas quanto a isso, não por conta do episódio em si, que foi trágico para muitas pessoas, mas por conta da memória dos indivíduos.

Como dizia o jornalista Ivan Lessa: a cada 15 anos as pessoas se esquecem do que ocorreu nos 15 anos anteriores. Com base nisso, será mesmo que os franceses dessa época, a maior parte sem educação para compreender a cadeia de eventos, se lembrariam do que aconteceu 69 anos antes da Revolução? Francamente, acho que não...

E várias partes deste livro te farão duvidar da memória das pessoas também, porque veremos claramente que uma das lições da história é que o ser humano, infelizmente, não aprende com a história.

“

Para fazer guerra são necessárias três coisas: dinheiro, dinheiro e dinheiro.

– Napoleão

”

O fim do lastro em ouro

Até hoje fico espantado com o fato de que boa parte das pessoas ainda acredita que as moedas modernas possuem lastro em ouro.

Lembro como se fosse hoje de uma conversa sobre o lastro da moeda que tive com um ex-comandante, durante o tempo em que fui militar. Ele, um homem culto, ficou extremamente surpreso ao saber que o real não tinha lastro em metais preciosos. Inclusive, chegou a perguntar: mas, então, qual o lastro? Eu respondi: apenas a confiança de que as autoridades estatais manterão o valor da moeda. Na época, a presidente do Brasil era Dilma Rousseff. Ele ficou chocado!

Embora tenha perdurado em alguns países por mais tempo (até o começo dos anos 2000, a Suíça ainda mantinha uma espécie de lastro em ouro para sua moeda, o franco suíço), o lastro em ouro deu seu último suspiro global em 1971.

Como você já deve ter percebido, esse esquema de moeda representativa, no qual as notas de papel podiam ser trocadas por ouro guardado em bancos, tinha problemas, sobretudo quando se criava muito mais papel do que ouro em estoque. E um dos episódios em que essa dinâmica costumava acontecer era durante as guerras.

O filósofo pré-socrático Heráclito de Éfeso, conhecido popularmente (ou nem tanto) pela ideia de que é impossível mergulhar duas vezes nas águas de um mesmo rio, porque nem o indivíduo nem o rio seriam os mesmos, costumava dizer que "A guerra é a mãe e rainha de todas as coisas". Entre os filhos da guerra, está a impressão monetária.

Para o brasileiro, morador de um país pacífico que experimentou pela última vez uma ampla mobilização nacional para a guerra apenas na longínqua metade do século XIX, por ocasião da Guerra do Paraguai (depois disso, vale ressaltar que tivemos participação nos conflitos mundiais, mas com pequenos contingentes), é até complicado pensar nas implicações de um conflito bélico de grande escala, mas elas são muitas, e extremamente severas.

Fora a importante questão da tragédia humanitária, grande número de mortes e refugiados; para países, guerras são conflitos existenciais, em que o perdedor pode deixar de existir como Estado. Por conta disso, e com ambos os lados envolvidos cientes dessa dinâmica, uma corrida na qual vale tudo para ser o vencedor do conflito tem início.

Para se pagar os pesados gastos da guerra, governos se endividam o quanto podem, até que não conseguem mais porque ninguém quer emprestar dinheiro para o lado que vai perder a guerra, pegam o que podem de recursos da população, chegando até a requisitar a força de trabalho e mesmo as vidas das pessoas com o advento do alistamento militar obrigatório, e criam a quantidade de dinheiro necessária para se pagar a pesada conta das inúmeras batalhas, obviamente extrapolando o lastro em ouro.

Acabada a guerra, com ambos os lados imersos em pilhas de papel com cada vez menos valor, começam as negociações para a recriação de um novo sistema monetário liderado pelos vencedores.

O século sombrio

Na sangrenta primeira metade do século XX, preenchida por duas guerras mundiais sem precedentes na história, a primeira tida como "a guerra para pôr fim a todas as guerras", e a segunda paradoxalmente tendo acontecido em decorrência da primeira, assistimos exatamente à dinâmica descrita anteriormente.

Na Primeira Guerra Mundial, um conflito de família, já que diversos envolvidos eram primos, netos da Rainha Vitória, vários impérios entraram no conflito, como o inglês, o russo, o otomano e o alemão. Dos citados, somente o inglês, um dos vencedores da guerra, seguiu respirando após o fim do morticínio.

Das cinzas das pesadas reparações impostas pelos envolvidos na Primeira Guerra, nasceu a Segunda, e não sem avisos. O influente economista inglês John Maynard Keynes chegou a escrever um livro de nome *As Consequências Econômicas da Paz*, chamando a atenção para o fato de que as punições aos alemães eram tão severas que acabariam por criar um novo conflito.

Keynes neste ponto foi profético. Em 1939 surge uma outra guerra, maior e mais mortífera que a primeira, agora travada entre ditaduras fascistas de um lado, as Potências do Eixo, com especial destaque para a máquina de guerra alemã, e os Aliados do outro, uma aliança capitaneada por americanos, ingleses e soviéticos.

Em 1944, após 5 anos de luta e dezenas de milhões de mortes, a guerra, embora não encerrada, já estava se encaminhando para uma vitória aliada. Chegava a hora de pensar na criação de um novo sistema monetário internacional que pudesse estabilizar as economias globais após o fim do conflito.

Os Estados Unidos, os grandes vencedores da guerra, que permaneceram com seu território praticamente intocado e seu parque fabril de pé, alçariam sua moeda a um outro patamar. Se o antigo ditado diz "ao vencedor, as batatas", os americanos diriam "ao vencedor, o direito de imprimir a moeda mundial".

A Conferência de Bretton Woods

A Conferência de Bretton Woods ocorreu em julho de 1944, na cidade de Bretton Woods, New Hampshire, nos Estados Unidos. Na ocasião, representantes de mais de 40 países aliados durante a Segunda Guerra deliberaram a respeito da criação de um novo sistema monetário.

Era de grande interesse dos americanos que tal sistema tivesse o dólar como pedra alicerce, e pela conjuntura do momento essa ideia fazia bastante sentido.

Nas guerras anteriores, sem o amplo uso de aviões, bombas arrasa-quarteirão e nucleares, era relativamente mais simples retomar o antigo lastro em ouro de alguma forma. Já na Segunda Guerra, com os países europeus totalmente quebrados, sem ouro em seus estoques, com dívidas a pagar com os Estados Unidos e com sua infraestrutura destroçada a ponto de não poderem produzir, essa missão era bem mais complicada.

A proposta dos americanos para resolver essa questão era que o dólar, moeda do país que era o principal credor da Europa e que menos havia sofrido em termos de infraestrutura, teria um lastro em ouro, a um preço fixo de 35 dólares por uma onça troy (uma unidade de peso equivalente a 31,1 gramas), e as outras moedas teriam um lastro em dólar também a um câmbio fixo. Sendo que, a qualquer tempo, os dólares mantidos como lastro pelos países poderiam ser trocados por ouro nos EUA.

Perceba que aqui já não temos mais pessoas físicas podendo trocar papel-moeda por ouro, mas apenas países tendo essa prerrogativa.

À primeira vista, tal sistema parece bom para ambos os lados. Como donos da moeda mundial e detentores de dois terços do estoque de ouro do planeta, os americanos poderiam capitalizar os países aliados com empréstimos em dólares, os países poderiam usar esses recursos na sua reconstrução, importando maquinário para isso – principalmente dos próprios americanos, já que eles detinham as indústrias, o que faria os dólares voltarem para os EUA – e, conforme os europeus fossem novamente obtendo superávit comercial ao exportar mais do que importam, poderiam trocar os dólares ganhos no comércio por ouro se assim quisessem.

A única questão era que, parafraseando o economista francês Jacques Rueff, os Estados Unidos agora possuiriam um "privilégio exorbitante", sendo donos da máquina de imprimir não apenas a moeda usada em seu país, mas a usada no comércio mundial.

Como garantir que os americanos não iriam fazer como John Law e criar muito mais dólares do que a limitação física permitida pelo lastro em ouro? A verdade é que, embora teoricamente os EUA corressem o risco de ficar sem ouro ao criar moeda demais, já que os outros países poderiam trocar dólares por ouro, essa mesma limitação não impediu abusos por governantes no passado, e também não seria capaz de impedir abusos por parte dos americanos, sobretudo quando outra guerra começasse.

O último filho da guerra

Como já foi informado anteriormente, o sistema de Bretton Woods durou até o ano de 1971, quando Richard Nixon, o então presidente dos Estados Unidos, foi à televisão para realizar um pronunciamento no qual suspendia "temporariamente" a conversibilidade do dólar em ouro, o que encerrou o sistema.

Essa suspensão, que nas palavras do próprio Nixon seria temporária, já tem mais de 5 décadas no momento em que escrevo estas páginas, e não tem data para acabar. Mas por que ela aconteceu?

Primeiro, porque historicamente um monopolista sempre tende, cedo ou tarde, a abusar do poder monopolístico que possui. Como dono do monopólio do dólar, o governo americano tinha um estímulo para produzir mais dinheiro para pagar suas despesas, assim como todo governo que possui moeda própria.

Pense comigo, num exemplo hipotético em que há um total de 1 trilhão de dólares circulando na economia, todo esse valor coberto pelo lastro em ouro de modo a conseguir ser trocado pelo "vil metal". Então os integrantes do governo, movidos por seu bom coração e preocupação genuína com o povo (obviamente, essa frase foi irônica), decidem construir uma escola que custará ao todo 1 milhão de dólares. Contudo, para isso eles não querem aumentar impostos, afinal as pessoas já pagam demais; nem aumentar a dívida pública, porque ela provavelmente já está muito alta; e também não querem mover recursos que seriam usados em outra área para essa causa, porque pensar em custo de oportunidade e prioridades é sempre extremamente estafante.

Quanto tempo demoraria para a seguinte ideia surgir: em vez das outras alternativas, por que não usar nosso privilégio exorbitante de sermos donos da máquina de dinheiro mundial e criar esse milhão de dólares? Repare que se a preocupação é a falta de ouro em lastro, isso seria um problema pequeno nesse caso porque (1º) raramente algum país decide trocar seus dólares por ouro, até porque isso significaria, pensando no caso de um país europeu, atravessar o oceano Atlântico com ouro físico para realizar a entrega, e (2º) porque 1 milhão de aumento de moeda representa 0,0001% de crescimento no estoque de 1 trilhão. Ou seja, praticamente nada.

Um segundo ponto, e este diferencia os abusos cometidos por reis e imperadores daqueles cometidos por presidentes e primeiros-ministros, está na questão da preocupação com as consequências. Quando John Law abusou da criação de moeda sob o reinado de Luís XV, a consequência poderia ter sido o fim da monarquia, o rei poderia ter perdido a cabeça. Luís XV escapou dessa (lembre-se de que ele era uma criança na época), mas Luís XVI, seu neto e sucessor, foi decapitado pelos revolucionários franceses.

Perceba que um governante minimamente preocupado com sua vida e a de seus descendentes tenderia a abusar menos (mas ainda abusar) do truque da desvalorização da moeda. Talvez o monarca responsável pelo abuso não viesse a sofrer as consequências, mas seus filhos e netos certamente sofreriam.

Numa república com eleições a cada poucos anos, os abusos cometidos por um presidente, como tomar muita dívida ou criar muita moeda, provavelmente aumentariam a popularidade do governante que adotou tais medidas, porque inicialmente o povo fica muito feliz com mais dinheiro sendo injetado na economia, enquanto as consequências do abuso acabariam recaindo sobre seus sucessores, que, com alguma sorte, ainda poderiam ser rivais políticos.

Veja que se todos os políticos eleitos pensarem assim, esse abuso que tende a começar pequeno eventualmente se tornará grande, sobretudo quando um país resolve intervir diretamente numa guerra que ocorria do outro lado do mundo...

A Guerra do Vietnã

O Vietnã havia sido colônia francesa até 1945, quando o líder nacionalista Ho Chi Min proclamou a independência do país. A França, mesmo quebrada após a Segunda Guerra, não reconheceu o movimento e tentou retomar o controle sobre a região através do envio de tropas. Para esse intento, os franceses pediram ajuda aos americanos, que inicialmente só enviaram equipamentos para auxiliar seu aliado. Após 9 anos de conflito, os franceses se deram por vencidos e saíram do país.

Vale lembrar que nessa época o mundo estava dividido entre dois grandes blocos de influência. Um leitor mais novo deve estar acostumado a termos como países desenvolvidos, que já têm economias maduras e altos índices de desenvolvimento humano, e países emergentes, que ainda não chegaram nesse estágio, mas, pelo nome, que passa uma ideia de ascensão, afinal estão emergindo, um dia chegarão lá – apesar de que vários países emergentes seriam melhor representados pela palavra submergentes, por estarem afundando ao invés de emergindo.

Já os leitores mais velhos talvez se lembrem da antiga divisão que se fazia na época da Guerra Fria entre países do Primeiro Mundo, capitalistas, do Segundo Mundo, socialistas, e do Terceiro Mundo, categoria da qual o Brasil fazia parte nos meus livros de geografia da escola, que contemplava países que ainda não estavam totalmente dentro das duas primeiras classificações. O Vietnã era mais um país do Terceiro Mundo, que após a saída dos franceses tinha grandes chances de adentrar o Segundo.

Nesse estágio, o Vietnã se encontrava dividido em duas regiões: Vietnã do Norte, que recebia apoio da China e da União Soviética, e Vietnã do Sul, apoiado pelos Estados Unidos e quase sendo tomado pelo Norte.

Para evitar a derrota do Sul, e com medo de que com isso o socialismo pudesse se espalhar para o sudeste da Ásia, os americanos resolveram intervir diretamente e começaram a enviar mais recursos, inclusive humanos, para a guerra.

Ao longo de praticamente duas décadas de intervenção, após cerca de 58 mil mortes de soldados americanos, quase 150 mil feridos e, em estimativas conservadoras, quase 160 bilhões de gastos com o conflito em valores da época (em números atualizados pela inflação, seriam trilhões de dólares), os americanos resolveram se retirar do conflito, mas o estrago já estava feito, e o mundo sabia disso.

O general francês e a crise do ouro

Enquanto o mundo assistiu aos pesados gastos militares no Vietnã, os franceses, aqueles mesmos que chamaram os Estados Unidos para o conflito, começaram a desconfiar do tamanho das reservas de ouro americanas.

O então presidente da França, o General Charles De Gaulle, um herói de guerra, auxiliado pelo seu ministro, o economista Jacques Rueff, autor da frase do "privilégio exorbitante", entendeu que com a grande impressão de dinheiro necessária para arcar com os custos da guerra, a moeda americana se encontrava supervalorizada em relação ao ouro.

Com a cotação da época fixa em 35 dólares por onça de ouro, os franceses pensavam que, caso todos os países quisessem converter seus dólares em ouro, não haveria ouro suficiente nos EUA para todos, deixando claro que o preço do metal em relação ao dólar deveria ser muito mais alto.

Munido dessa ideia, no final da década de 1960, De Gaulle envia aos Estados Unidos um navio com a missão de trocar 35 milhões de dólares por ouro, conforme o combinado de Bretton Woods dizia ser possível. Esse esforço francês chamou a atenção de outros países e preocupou o governo americano que, com receio da pressão sobre seu estoque de ouro, chegou a impor controles sobre a exportação do metal, gerando ainda mais desconfiança.

Com o contínuo excesso de gastos dos EUA, que terminava na criação de mais dólares para pagar as contas do governo, o excesso de dólares continuava a se acumular na mão de governos "credores" que queriam trocar seus dólares por ouro.

Na bolsa de Londres, a onça de ouro passou a ser negociada num patamar acima de 35 dólares, gerando uma clara oportunidade de arbitragem: um país trocava seus dólares por ouro com os Estados Unidos por US$ 35 e vendia seu ouro em Londres por US$ 40. Isso gerava ainda mais pressão sobre os já combalidos estoques americanos.

Diante disso, o presidente Richard Nixon tinha duas escolhas excludentes: ou resolvia o problema do excesso de gastos dos Estados Unidos – que terminava na criação de mais dólares que eventualmente seriam trocados por ouro – ou acabava com o lastro em ouro, ficando sem amarras para gastar mais.

Como já sabemos que políticos não costumam optar por gastar menos, a escolha de Nixon, no fatídico dia 15 de agosto de 1971, foi "temporariamente" – essas foram suas palavras na época – acabar com o lastro em ouro.

O economista Milton Friedman, da famosa Escola de Chicago, vislumbrando a hipótese de que o lastro em ouro um dia chegaria ao fim por conta dos gastos dos EUA, dizia que nesse cenário o preço do ouro poderia cair muito, caso os bancos centrais despejassem a commodity amarela nos mercados, uma vez que ela já não teria utilidade como lastro das moedas.

Contudo, contrariando o raciocínio acima, os bancos centrais não só quiseram manter seu ouro como, diante da incerteza e falta de limites para a criação de dólares, ainda quiseram comprar mais. Nisso foram acompanhados por investidores institucionais e do varejo.

Como resultado, menos de uma década depois do fim do lastro em ouro, o preço da onça chegou a se multiplicar por quase 20 vezes. Enquanto isso, com as impressoras livres para trabalhar sem uma âncora na escassez, o poder de compra das moedas, cujo lastro desde então passou a ser apenas a confiança, começou a cair aceleradamente.

E entenda que quando digo lastro em confiança, falo sério. Dinheiro hoje é confiança registrada em papel (ou dígitos numa tela de cristal líquido). Constantemente vemos financistas se referindo às moedas modernas, pós-lastro ouro, como moedas fiduciárias, em português, ou moedas fiat, termo mais comum em comentários em inglês.

A palavra fiduciária remete diretamente à confiança (veja fidúcia no dicionário), e a palavra fiat, que significa algo como "seja feito" em latim, tem a mesma origem etimológica de Fides, a Fé, uma deusa romana muita antiga, mais velha até do que o próprio Júpiter, o equivalente romano a Zeus. Fides era a deificação da palavra dada, das promessas que seriam cumpridas, da confiança necessária para estabelecer as bases de uma sociedade.

Na antiguidade, sem Fides, não haveria Roma; atualmente, sem Fides, não há dinheiro.

NENHUM **VENTO** LHE SERÁ **FAVORÁVEL**

3

As consequências da criação de moeda

No colégio (se é que você viu isso no colégio) você deve ter aprendido que o aumento dos preços recebe o nome de inflação. Notícias que saem na mídia dizendo que "a inflação da alface foi de 1% no mês" mostram como o grosso das pessoas encara a inflação: simplesmente como sinônimo de preços mais altos.

Porém, o mais interessante sobre a inflação é que, embora seja um fenômeno que está presente no mundo desde que Creso resolveu colocar seu símbolo em discos de prata e ouro quase 6 séculos antes de Cristo, não há um consenso entre economistas sobre todas as causas da subida de preços – na verdade, há pouco consenso entre economistas acerca de uma série de variáveis econômicas.

Como minha base de pensamento econômico vem da escola austríaca de economia (é a escola que me fez ganhar muito dinheiro com algo chamado Bitcoin), vou usar sua definição do que seria inflação: a inflação, tida como o aumento GENERALIZADO (essa palavra é importante) de preços, é o que vem depois, ela é apenas uma consequência do aumento da oferta monetária, ou seja, uma consequência da criação de mais moeda.

Perceba que esta definição já inverte bastante a lógica das coisas. Porque se inflação for somente puro e simples aumento de preços, como quem aumenta preços são os comerciantes, então a inflação seria culpa deles. Já se o aumento de preços for uma consequência da criação de mais moeda, como a criação de moeda é "monopólio de César", então a culpa seria do governo responsável por isso.

Evidentemente, fica bem óbvio que a definição que afirma que inflação é igual ao aumento generalizado de preços é muito mais útil à classe política, que teria um bode expiatório para culpar pela subida de preços, em comparação à definição de que a criação de moeda, tão defendida por alguns, é a verdadeira responsável por isso.

Se você leu o livro de forma contínua até aqui, ou se acompanha perfis de finanças em redes sociais, provavelmente já tinha entendido que a criação de moeda está relacionada ao aumento de preços. Contudo, essa relação não é automática.

Num exemplo hipotético em que trilhões de reais são criados pelo Banco Central, na mesma hora teríamos inflação? A maior parte das pessoas que leva a ferro e fogo a definição de que aumento de oferta monetária é igual a aumento de preços diria que sim.

Entretanto, e se esse dinheiro todo, supondo que seja dinheiro em papel-moeda, for trancado numa sala, sem contato com nada? Por que os preços iriam subir? Simplesmente ao criar moeda eles magicamente sobem? Evidente que não. É mais complexo que isso…

Oferta e demanda

Para entender a causa da subida dos preços, primeiro precisamos pensar em oferta e demanda.

Se um dia você quiser fazer uma tatuagem em seu corpo, de algo indelével, que se manterá funcionando mesmo diante do teste mais extremo que existe, a passagem do tempo, então tatue uma curva de oferta e demanda. Esqueça nomes de cônjuges, eles podem mudar, mas a oferta e demanda permanecerá para sempre com você.

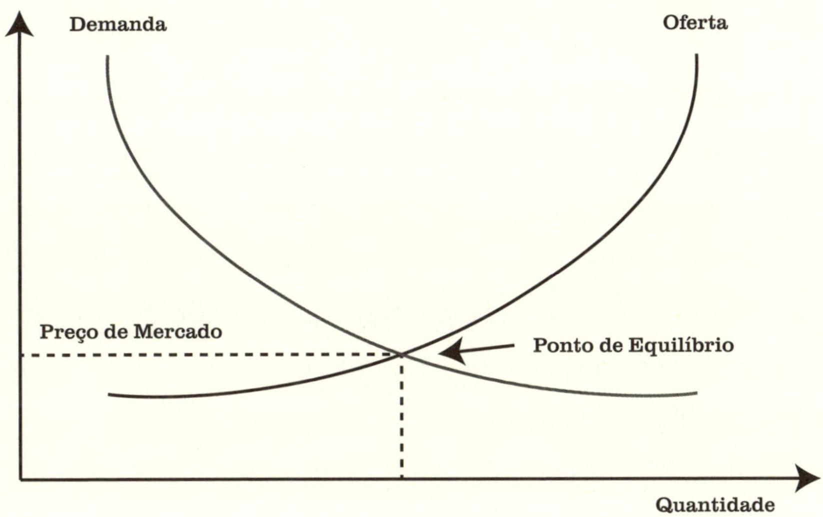

Neste gráfico, veja que no eixo vertical nós temos preço (quanto mais alto, maior) e no horizontal temos quantidade (quanto mais à direita, maior a quantidade).

Explicando primeiro a formação da curva da demanda, vamos pensar no mercado de carros. Uma Ferrari, por ter um preço muito alto, é muito menos demandada em comparação a um carro popular. Logo, se o preço é alto, há menos demanda, e à medida que o preço baixa a demanda tende a aumentar porque mais pessoas serão capazes de pagar pelo produto.

Já pelo ponto de vista de quem produz, curva da oferta, quanto maior o preço de um determinado item, maior a atratividade para o produtor e mais ele quer produzir deste item para recolher a recompensa econômica dos preços altos. Em contrapartida, quanto menor o preço, menor a atratividade e menos ele quer produzir.

No momento em que as duas curvas se encontram, temos o ponto de equilíbrio entre oferta e demanda determinando um certo preço. Se oferta e demanda variarem por algum motivo, o ponto de equilíbrio irá se alterar e teremos um novo preço.

Dando um exemplo, vamos pensar no preço da alface. O preço desta hortaliça não é arbitrariamente definido pelo governo, ele oscila no mercado até um ponto de equilíbrio que se altera devido a mudanças na oferta e demanda.

Se num dado período temos menos oferta, por conta de uma praga de lagartas, ou mais demanda, porque todos resolveram fazer dieta, o preço da alface tende a subir. De modo contrário, se tivermos um grande aumento de oferta, fruto de uma revolução tecnológica, ou, hipoteticamente, uma grande queda no consumo, porque algum influenciador de finanças extremamente charmoso contou às pessoas que a alface era usada pelos romanos antigos como uma forma de "acalmar a potência sexual de homens viris", o preço iria cair.

Esses movimentos de preços em itens específicos são absolutamente normais e costumam ser rapidamente corrigidos pelo mercado. Se o preço da alface subiu muito, os agricultores vão querer plantar mais alface para ganhar mais dinheiro com os preços altos, o que aumentaria a oferta. Os consumidores também irão se mexer, substituindo este item em sua cesta de consumo por outro mais barato e de propriedades similares: verde, sem gosto e com efeitos calmantes, o que diminuiria a demanda. Com mais oferta e menos demanda, o preço cairia.

Porém, e quando o preço de tudo está aumentando ao mesmo tempo? Qual a causa? Será que de uma vez só a oferta de todos os itens de uma economia ficou magicamente mais escassa? Isso até pode acontecer, basta lembrar dos fechamentos impostos por governos, mundo afora, na época da pandemia e que prejudicaram a produção de praticamente tudo.

Entretanto, excetuando essa hipótese, a produção no geral se mantém em patamares crescentes ao longo do tempo graças à evolução tecnológica. Hoje somos capazes de produzir mais que nossos avós, que por sua vez produziam mais do que os avós deles, e não porque o ser humano melhorou, ainda somos biologicamente os mesmos (pelo menos por enquanto), mas porque a tecnologia nos tornou mais produtivos.

E quanto à demanda? Será que as pessoas resolveram gastar como se não houvesse amanhã, todas de uma vez? Por mais irresponsável e imediatista que o ser humano seja, provavelmente não. Embora seja comum ouvir que é preciso viver o hoje porque pode não haver amanhã, eu nunca conheci alguém que, por mais velho que fosse, não pensasse que após o hoje viria um dia seguinte (lembro de uma tia, na época com 99 anos, indo se deitar à noite e me dizendo "até amanhã". No dia seguinte, ela não se levantou. Morreu dormindo de maneira pacífica, mas achando que ainda teria um próximo dia pela frente).

O que é capaz de provocar uma demanda maior em várias áreas, fazendo com que o preço, não de um, mas de quase todos os itens, suba de modo GENERALIZADO é o aumento da oferta monetária, ou seja, a injeção de mais moeda na economia.

Essa moeda na mão do povo rapidamente se transforma em pressão na demanda, em consumo, e como consumir é sempre mais rápido e fácil do que produzir, temos uma demanda mais forte enquanto a oferta permanece a mesma, gerando um preço de equilíbrio mais alto.

Apesar de parecer óbvio, durante muito tempo os economistas não entendiam a formação de preços dessa forma. Vários grandes nomes defendiam uma espécie de valor ligado ao trabalho envolvido na produção de um bem. De maneira simplificada, quanto mais trabalho, maior deveria ser o preço.

No entanto, basta pesquisar o mercado de arte por alguns minutos para ver essa teoria cair por terra. Uma banana colada na parede em um minuto, literalmente, pode valer centenas de milhares de dólares, enquanto um quadro no qual este autor trabalhou por 30 anos pode não valer nada porque há zero interessados nele (há poucas pessoas de bom gosto capazes de apreciar minha arte).

Efeito Cantillon

O banqueiro Richard Cantillon, aquele mesmo visto anteriormente, que fugiu da França antes do estouro da lendária Bolha do Mississipi de John Law, observou que o resultado da entrada de quantidades crescentes de papel-moeda na economia francesa produziu um efeito interessante…

Cantillon viu que a circulação de mais moeda causava um aumento de preços, pelo mecanismo explicado no tópico anterior, mas que esse aumento de preços acontecia de forma desigual. De modo que aqueles que se encontravam mais próximos da emissão monetária tinham benefícios em comparação aos mais distantes.

Quando o escocês John Law criou papel-moeda para pagar as dívidas da coroa francesa, além da própria coroa, os detentores dos títulos da dívida foram os principais beneficiados, porque receberam primeiro o dinheiro novo, de modo a poder consumir antes que os preços aumentassem por conta do crescimento da demanda que a circulação do novo dinheiro geraria. Quando Law novamente criou mais notas para, dessa vez, poder recomprar as ações da Companhia do Mississipi, os acionistas que venderam foram os primeiros beneficiados.

Conforme esse pessoal usa o dinheiro para, por exemplo, comprar propriedades em Paris, a demanda pelas propriedades escassas faria o preço continuamente aumentar, deixando aqueles que queriam comprar uma propriedade, mas não receberam o dinheiro novo, numa situação de desvantagem. O mesmo raciocínio valeria quando eles fossem comprar roupas, comida, serviços etc.

Pensando num exemplo mais moderno, quando governos criam dinheiro para pagar por obras públicas em grande escala, como na época da Copa do Mundo e das Olímpiadas no Brasil, o primeiro beneficiado é o próprio governo que criou moeda para consumir mais, depois temos os donos das empresas que ganharam as licitações para fazer as obras, esse dinheiro em seguida passa para os fornecedores dessas empresas, acionistas e vai seguindo por uma sequência de pessoas, dos mais próximos aos mais distantes da injeção monetária, até finalmente rodar por toda a economia.

Porém, como Cantillon nos lembra, esse dinheiro novo promove uma subida de preços de forma desigual, de modo que aqueles que receberam o dinheiro antes se beneficiaram, consumindo com os preços ainda normais, já os que viram o dinheiro por último, geralmente os aposentados que têm seus benefícios reajustados pelo governo somente no começo de cada ano, terão que consumir os produtos com preços mais altos.

Mas aí temos o pulo do gato: quando os preços tiverem subido, obrigando o governo a ter gastos maiores com reajustes de salários da população, novamente os políticos darão um jeito de criar mais dinheiro para usar o efeito Cantillon a seu favor, uma vez que a máquina estatal é sempre a parte mais próxima da injeção monetária.

Hiperinflação e o dinheiro cada vez mais digital

Eu desconheço uma definição clara e precisa de quando um fenômeno inflacionário se torna uma hiperinflação. Já vi definições com marcas arbitrárias como "acima de 50% ao ano é hiperinflação", mas que não são amplamente aceitas. Eu particularmente entendo que a inflação possui um comportamento linear, enquanto a hiperinflação ganha um caráter exponencial, com total falta de confiança na moeda, que faz com que os preços subam muito e de maneira cada vez mais veloz.

Um dos piores casos hiperinflacionários da história foi o da República de Weimar, nome adotado pela Alemanha pós-Primeira Guerra Mundial. Com sua economia destroçada e forçada a pagar pesadas reparações aos seus adversários, o governo alemão da época, ainda verde como uma república – a Alemanha entrou na Primeira Guerra como um império governado pelo kaiser Guilherme II; com a derrota, o império ruiria –, preferiu adotar o caminho menos impopular de criar mais moeda para financiar os gastos do Estado.

Com isso, a taxa de câmbio que antes da Guerra era de 1 dólar para 4 marcos alemães, moeda da época, subiu para o mesmo dólar sendo trocado por 160 marcos alemães em 1922 e por 4,2 trilhões de marcos em 1923. Saliento que o trilhão não é um erro de impressão. Em um espaço de um ano a taxa de câmbio se multiplicou por 26.250.000.000.

O dinheiro perdia valor de forma tão rápida nessa época que os trabalhadores alemães eram pagos duas vezes ao dia, na tentativa de poder trocar a moeda o mais rápido possível por produtos e serviços antes que estes continuassem a aumentar de preço. A confiança na manutenção do valor da moeda era tão baixa que profissionais liberais preferiam ser pagos com comida em vez de receberem em dinheiro.

O governo alemão chegou até mesmo a criar notas de 100 trilhões de marcos. Apenas para deixar claro, 100 trilhões significa o número 1 seguido de 14 zeros. E qual era o poder de compra dessa nota em dólares? Pouco menos de US$ 20.

100 trilhões de marcos. Cuidado com o falso cognato, "billionen" parece ser bilhão, mas é trilhão mesmo.

"Bruno, mas isso aconteceu após um dos piores conflitos bélicos de todos os tempos, num país arrasado pela guerra e obrigado a pagar pesadas reparações aos adversários. Hoje em dia não há mais espaço para algo assim." Ledo engano! No final dos anos 2000, o Zimbábue, sem um cenário de guerra ou pandemia, criou uma nota de valor nominal de 100 trilhões de dólares zimbabuanos. Qual era o poder de compra dessa nota em níveis internacionais? Menos de 1 dólar.

100 trilhões de dólares do Zimbábue

Em ambos os casos, o dinheiro ainda era majoritariamente feito de papel, de modo que, mesmo para inflacionar a moeda, ainda era necessário um certo trabalho, com aquisição de máquinas, papel e a atividade de impressão que limitava a velocidade de criação da moeda.

Até hoje, quando falamos na criação de mais moeda, o que vem à cabeça de alguns é que o governo vai imprimir papel-moeda. Antes fosse. Possivelmente a inflação pós-pandemia seria menor no mundo todo se o dinheiro que foi criado por bancos centrais tivesse que ser impresso (e os acionistas de empresas de papel e celulose também seriam mais felizes nesse cenário).

Você já parou para pensar em quanto do dinheiro que você ganha em um ano realmente se transforma em papel-moeda passando pela sua mão? Eu já. Menos de 0,01%. Logicamente, esse número não será igual para todos, mas tende a ser bem pequeno para os jovens que moram em grandes cidades e cada vez menor com o passar do tempo, até possivelmente chegar a zero com o advento das moedas digitais de bancos centrais.

Porém, qual será o destino das moedas no futuro, nesses tempos em que não é preciso gastar uma única folha de papel para criar mais dinheiro? Basta um pequeno grupo de burocratas decidir apertar um botão e *voilà*! Bilhões, ou até trilhões, simplesmente estão criados e prontos para serem injetados na economia.

A inflação é uma máquina de criar desigualdade

Infelizmente, a inflação afeta mais justamente aqueles que têm menos condições de compreender como ela funciona: os mais pobres. Perceba que se a consequência da inflação é o aumento generalizado de preços, teremos não apenas o preço de itens alimentícios, remédios e roupas subindo, mas também o preço de terras, imóveis, ações e ativos financeiros de forma geral se apreciando.

Como ações são partes de empresas, que possuem propriedades e vendem serviços e produtos que podem ter seus preços reajustados pela inflação, em cenários inflacionários o preço das ações tende a subir, sobretudo quando falamos de empresas que têm o chamado "pricing power", um poder de remarcar preços oriundo de uma posição de vantagem frente à competição (empresas monopolistas, por exemplo). Algo similar acontece com imóveis.

Desse modo, como os ricos gastam em consumo apenas uma pequena parte de seus rendimentos, eles são pouco afetados por preços no supermercado que sobem 20% no ano, e são compensados pelo preço de seus imóveis, aplicações no exterior, ouro e ativos mobiliários ficando maiores.

A classe média, que consome uma maior parte daquilo que recebe, já é mais afetada pela subida de preços, mas ainda consegue se defender porque sua casa e aplicações financeiras sofrem alguma correção pela inflação.

Já o pobre, que consome praticamente tudo aquilo que ganha, não tem como comprar ativos que subirão de preço porque está gastando 20% a mais no mercado simplesmente para sobreviver.

Não é por acaso que o Brasil, que teve inflação de no mínimo 2 dígitos durante 40 anos, entre 1954 e 1994, é tão desigual. Ao longo de anos em que os mais ricos ficam ainda mais ricos ao investir em ativos corrigidos pela inflação, direta ou indiretamente, enquanto os pobres ficam cada vez mais pobres com seu dinheiro comprando menos itens, o corolário desse processo é uma sociedade com extremos cada vez mais distantes.

Por que governos gostam (e precisam) de inflação?

É fato que governos não querem uma inflação descontrolada, com tanta moeda sendo criada a ponto de vermos preços dobrando a cada dia. Num cenário como este, a convulsão social poderia fazer um governante perder a cabeça – e aqui estou sendo mais literal do que gostaria.

Além disso, uma inflação cavalar começa a comprometer seriamente o crescimento de um país, e qualquer brasileiro que era pelo menos adolescente na década de 1980, popularmente conhecida como "a década perdida", deve se lembrar disso. Nessa época o Brasil se tornou excepcionalmente bom em produzir somente uma coisa: inflação. Segundo o IBGE, o Instituto Brasileiro de Geografia e Estatística, a inflação medida pelo IPCA, o Índice de Preços ao Consumidor Amplo, acumulada entre 1980 e 1994, ano de implantação do plano real, foi de impressionantes 13.342.346.717.671,70%. Se uma inflação de 100% significa preços, na média, dobrando, estamos falando de preços se multiplicando por mais de 260 bilhões de vezes. Para um país que não estava passando por uma guerra, foi um feito absolutamente notável.

Com tanta inflação assim, o futuro, que já é incerto por natureza, se torna ainda mais opaco. Como tomar decisões de investimento de longo prazo se qualquer cálculo econômico sério usando o item mais importante de uma economia, a moeda, era totalmente impossível? Como decidir abrir um negócio sem ter o mínimo de visibilidade de quais serão os custos futuros, sua margem, sua rentabilidade sobre o capital investido? Sem falar nas intervenções sem pé nem cabeça, como o tabelamento de preços – medida conhecida por produzir efeitos nefastos desde antes do império romano – que o governo tentava fazer para acabar com as consequências do problema, o aumento de preço, sem agir na causa, os altos gastos do governo que levavam à criação de mais moeda.

O economista britânico John Maynard Keynes defendia a ideia de que, à luz de todos os riscos, a decisão de empreender muitas vezes não seria levada a cabo por uma pessoa 100% racional. Somente um certo componente de "espírito animal" faria um empreendedor agir. No Brasil dessa época, nem mesmo o espírito de um zoológico inteiro seria suficiente para fazer uma pessoa minimamente racional abrir um negócio.

Com falta de visão de longo prazo, com o planejamento do brasileiro se encurtando até chegar ao cúmulo de durar apenas 1 dia – com boa parte do dinheiro sendo aplicado no chamado overnight, uma correção diária para que seu capital não ficasse muito defasado pela inflação –, a atividade econômica foi minguando. O resultado disso: um PIB praticamente estagnado na década, que diminuiu se dividirmos o resultado pelo crescimento da população.

Gráf.1: Taxas médias reais de crescimento do PIB *per capita* por década (%)

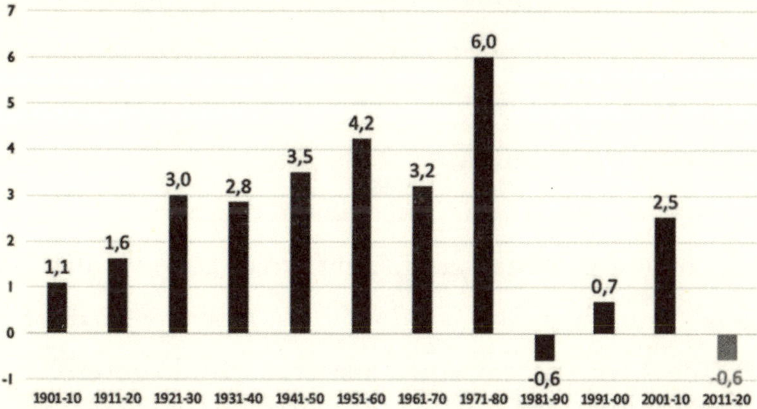

Fontes: Ipeadata e IBGE.

Porém, apesar de uma inflação muito alta ser horrível, também é fato inquestionável que governos pelo mundo todo gostam de pequenos níveis de inflação, e eles mesmos não escondem isso das pessoas. No Brasil, basta entrar no site do Banco Central para ver na página inicial uma meta de inflação. E essa meta não é inflação zero, não é ter inflação negativa, a chamada deflação, mas sim ter uma inflação pequena e contínua ao longo do tempo. Por que será que isso acontece?

Apenas o efeito Cantillon explicado anteriormente já seria motivo suficiente: ao criar mais moeda e injetá-la na economia, sendo o Estado o principal beneficiado, teremos como consequência uma pressão de demanda que provavelmente aumentará os preços. Contudo, se pensarmos um pouco mais no efeito da combinação de preços de produtos e serviços subindo frequentemente com alíquotas de impostos fixas, veremos que esse aumento de preços ainda beneficia a arrecadação do governo.

"Como assim, Bruno?" Vamos a um exemplo usando um produto consumido por todos, direta ou indiretamente, e que faz parte da cadeia de tudo que é produzido e transportado num país: o combustível.

Digamos que 10% do preço de um determinado combustível, como a gasolina, termine em arrecadação via impostos federais (atualmente, é mais do que isso). Se o preço da gasolina é de 4 reais o litro, então a arrecadação do governo é de 40 centavos por litro abastecido. Porém, digamos que o contínuo efeito do aumento da oferta monetária, que deu ao governo a capacidade de gastar mais, faça com que, ao longo do tempo, o preço da gasolina suba para 5 reais. Já que a alíquota de imposto permanece fixa em 10%, veja que agora a arrecadação do governo é de 50 centavos por litro abastecido. Ou seja, houve um aumento de 25% na arrecadação.

Entretanto, lembre-se de que o efeito da inflação é uma subida de preços generalizada, de modo que não temos apenas a gasolina subindo, também temos o diesel, o feijão, o arroz, a carne, o ovo, o gás etc. Todos esses itens, e mais os serviços, são tributados com alíquotas fixas (ou quase isso). Como resultado, o governo tem um aumento de arrecadação graças a esse "imposto inflacionário".

Os mais atentos talvez já tenham pensado: "Ok, concordo que o governo irá arrecadar mais, só que ele também gastará mais ao consumir com preços mais altos". Sim! O governo também possui despesas com combustível, também precisa comprar comida e consumir serviços que estarão mais caros. Porém, além do fato de que poderá novamente criar dinheiro para isso (efeito Cantillon), a maneira como o orçamento do governo costuma ser distribuído faz com que os gastos tendam a ser menos afetados do que a arrecadação por conta da inflação.

Pegando o Brasil como exemplo, mas deixando claro que temos retrato parecido em vários outros países, principalmente naqueles onde o aparato estatal é mais robusto, a maior parte do gasto do governo se dá com pessoal, ativo e inativo.

Pensando no pessoal inativo, a grande maioria aposentada pelo Regime Geral de Previdência Social, normalmente só temos o reajuste das aposentadorias feito uma vez ao ano pelo IPCA do ano anterior. Quanto ao pessoal ativo, por vezes há períodos de anos seguidos sem aumento, até que algum reajuste de maior magnitude venha a acontecer.

Portanto, repare que os preços geralmente vão aumentando ao longo de todo o ano, mês após mês, enquanto a principal despesa do governo permanece congelada o ano inteiro. Sendo que, quando essa despesa é reajustada, é corrigida pelo IPCA, uma média de preços que costuma ficar mais baixa do que a subida dos preços daquilo que uma família efetivamente consome.

Despesas pagas pela União (R$ bi)
Últimos 12 meses, atualizados pelo IPCA, até 2024/Janeiro

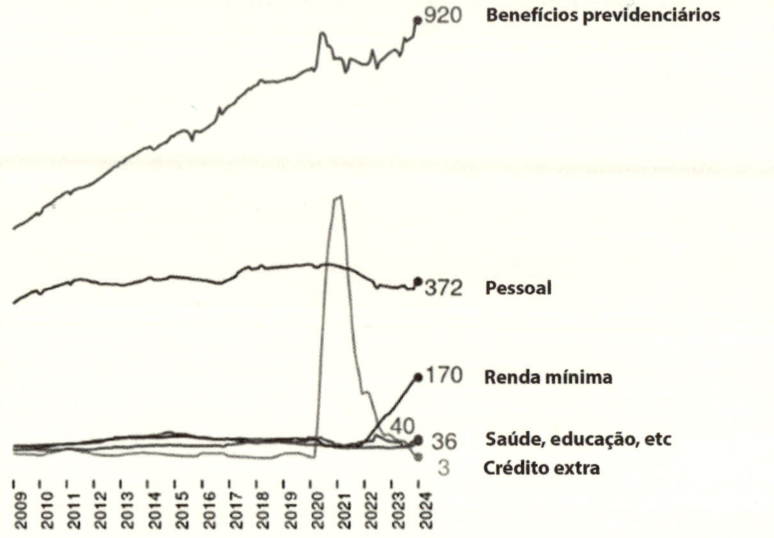

Despesas pagas pela União. Observe que o maior gasto, muito maior que o segundo, é com previdência pública. O segundo, bem maior que o terceiro, é com pessoal ativo. Fonte: Tesouro Transparente.

Já que falamos de previdência...

No final dos anos 1880, enquanto aqui no Brasil deixávamos de ser um império para iniciar nossa fase republicana, acontecia na Alemanha a invenção de um sistema que viria a se espalhar por boa parte dos países do mundo: a previdência pública.

Inspirados pelo sucesso dos fundos de seguros privados, que cobravam de seus clientes prêmios (o valor da parcela) para que estes tivessem direito a um valor de apólice em caso de doenças, invalidez ou morte, vários políticos, com destaque para os socialistas, passaram a defender a existência de um mecanismo estatal que pudesse fazer algo similar, somado ainda ao pagamento de uma pensão na fase da velhice, mas com a diferença de dar cobertura a toda a população, cobrando mais de quem pudesse arcar com custos mais altos e menos dos desfavorecidos.

Estatisticamente, como para uma seguradora quanto maior a base segurada menor o risco, a ideia fazia certo sentido. De maneira simples, o resultado de uma seguradora vem do ganho com a cobrança de prêmios, mais o resultado financeiro do investimento desse valor, menos os custos operacionais e, principalmente, menos a quantia que será paga aos segurados que tiverem problemas – usando a linguagem do mundo dos seguros: sofrerem sinistros.

Como seguradoras são negócios que "ganham de caneca e podem perder de balde", afinal o valor cobrado de prêmio costuma ser uma pequena fração do total garantido pelas apólices, um número não esperado de sinistros pode vir a quebrar uma empresa que parecia sólida. Justamente por isso seguradoras usam bastante matemática bayesiana e probabilidades de modo a controlar o risco, cobrando mais de quem tem mais chance de usar o seguro e menos de quem tem menor probabilidade. Resumidamente, quanto menor e mais previsível for a sinistralidade, melhor para o negócio.

Pensando agora no exemplo anedótico (mas altamente didático) de uma pequena seguradora com apenas 10 clientes e uma sinistralidade esperada de 10% da base, apenas um cliente, o que aconteceria num ano em que 2 clientes a mais tivessem problemas? O negócio poderia ir à bancarrota. Já numa seguradora com 100 mil clientes e a mesma sinistralidade estatisticamente esperada de 10%, 2 clientes a mais, em vez dos 10 mil inicialmente esperados, não pressionariam em nada o funcionamento da empresa. Portanto, observe que no mundo das seguradoras tamanho é documento.

Logo, se quanto maior, do ponto de vista estatístico, melhor, uma seguradora que tivesse dezenas, talvez centenas de milhões de clientes poderia ser mais resiliente do que as menores. Esse era um bom argumento em prol do seguro estatal.

Sentindo que a implantação de um sistema como o descrito acima era inevitável, simplesmente uma ideia para a qual o tempo havia chegado, e sabendo que a criação de um mecanismo de seguro para todos traria imensos ganhos políticos, Otto von Bismarck, que de socialista não tinha nada, resolveu ele mesmo criar a primeira previdência pública e colher os louros da vitória em vez de deixar a invenção na mesa para seus rivais.

A promessa que não será cumprida

Quando Bismarck criou a primeira previdência pública do mundo, os casais alemães tinham em média seis filhos, a expectativa de vida de alguém nascido em 1880 era inferior a 40 anos e a idade fixada para aposentadoria no recém-inaugurado sistema previdenciário era de 70 anos.

Com esses números, fica fácil notar que era esperado que pouca gente chegasse até a idade de aposentadoria; dos poucos que chegavam, apesar da existência de centenários ocasionais, também não era esperado que vivessem durante um longo período recebendo pensões. Mas ainda que os aposentados pudessem viver muito, existia uma grande quantidade de jovens que contribuíam com a previdência pública, gerando uma soma muito maior do que a necessária para sustentar os idosos alemães.

Viajando 140 anos no tempo, o retrato de boa parte do mundo, principalmente nos países ocidentais, é bem diferente. Primeiro, a começar pelo fato de que em vários Estados, inclusive no Brasil, a idade para aposentadoria é mais baixa do que os 70 anos da era Bismarck. Segundo, se antes as pessoas tinham muitos filhos e viviam menos, hoje temos o retrato contrário...

A taxa de reposição de uma sociedade, que nada mais é do que a taxa de fecundidade necessária para que a população de um país não decresça, é de 2,1 filhos por casal. A parte dos 2 filhos é intuitiva, já que, se um casal gerar menos do que isso, apenas 1 filho, veríamos a população cair pela metade após a morte da geração dos pais. O 0,1 da conta está lá para compensar as pessoas que infelizmente vêm a falecer antes de chegar à idade reprodutiva.

No Brasil, segundo os dados mais recentes divulgados pelo IBGE, nossa taxa de reposição está em 1,94. Para efeito de comparação, em 1960 o número era de 6,3 filhos por casal.

Enquanto isso, nossa expectativa de vida, que nos anos 1960 era pouco superior a 52 anos, agora passa de 75 anos.

Não é preciso ser um gênio para perceber que o acordo geracional, baseado num número grande de jovens que trabalhariam para pagar o valor que seria repassado para um menor contingente de idosos, só é sustentável mediante o acréscimo de mais jovens entrando no esquema, de forma análoga aos famosos esquemas Ponzi – ou "esquemas Law", já que a Bolha do Mississipi de John Law pode ter inaugurado a modalidade.

A consequência inescapável desse sistema, pelo menos na forma como funciona hoje, é que você, jovem que está lendo este livro, provavelmente não irá se aposentar, pelo menos não recebendo o que foi inicialmente combinado, devido às reformas que terão que ser feitas ao longo do caminho para diminuir o déficit previdenciário, diferença entre o que se arrecada e o que se paga aos aposentados, que ficará cada vez maior.

E novamente, correndo o risco de me tornar repetitivo, como o Estado vai bancar esse excesso de gastos? Mais impostos, mais dívida, mais criação de moeda.

"Bruno, mas e se fizermos uma campanha para as pessoas voltarem a ter 6 filhos?" Alguns países já fazem isso, dando benefícios em dinheiro (usando o efeito Cantillon para beneficiar essas pessoas?) ou isenção de impostos para casais que geram mais filhos, no entanto, embora seja impossível prever o futuro, podemos dizer que a demografia é uma ciência com certa precisão em prever destinos possíveis, uma vez que tendências demográficas são difíceis de ser alteradas. As cidades não estão preparadas para esse boom de natalidade, ou por acaso você vê uma abundância de ofertas de imóveis com 7 quartos em grandes capitais mundiais? Pelo contrário, o que mais se vê são imóveis de 1 ou 2 quartos, com vários prédios trocando os antigos playgrounds de crianças por áreas destinadas aos pets, refletindo exatamente as preferências da sociedade.

No começo do século XX, o número de mulheres que trabalhavam fora de casa era muito inferior ao atual, e a própria inexistência de um mecanismo de previdência pública (aqui no Brasil o embrião desse mecanismo só começou a existir na década de 1920) estimulava as famílias a terem filhos. O combinado tácito era: eu tomo conta de você na infância e você cuida de mim na velhice.

Com a entrada da mulher no mercado de trabalho e a promessa estatal de que todos terão direito a uma pensão na terceira idade, ainda que de valor incerto e com poder de compra mais incerto ainda, o gênio saiu da lâmpada... Será difícil mudar essa situação.

Por que a inflação medida pelo governo não é sua inflação real?

O principal índice inflacionário do Brasil é o IPCA, Índice de Preços ao Consumidor Amplo. Calculado pelo IBGE desde 1980, o IPCA é o resultado do acompanhamento dos preços de uma cesta de consumo de famílias que ganham entre 1 e 40 salários-mínimos.

O primeiro ponto dessa questão é que médias podem não dizer muita coisa. Estatísticos costumam afirmar jocosamente que se sua cabeça está num forno e seus pés num congelador, na média, você pode estar em temperatura ambiente... Mas também estará morto (não tente reproduzir este experimento em casa).

Pegando um exemplo, podemos calcular uma média da renda anual auferida pelos meus 1.000 fãs fiéis que lerão este livro e chegar ao patamar de 100 mil reais ao ano. No entanto, se alguma pessoa de extremo bom gosto que faça 1 bilhão de renda anual, seduzida pelo poder de meus belos olhos castanhos, decidir entrar para o seleto grupo de leitores de minha *magnum opus*, repare que a renda média do público leitor agora passará a ser maior que 1 milhão ao ano – temos a seguinte conta: (1000 x 100 k) + (1 x 1 bilhão), tudo isso dividido por 1001 = 1.098.901,09.

Talvez 99,9% dos leitores estejam abaixo da média nesse caso, com ninguém tendo uma renda de 1 milhão ao ano e apenas uma pessoa bilionária estará muito acima da média. No entanto, 1,099 milhão seria o retrato da renda do meu leitor médio, um ser mitológico tão real quanto um pégaso, o cavalo alado.

Se médias já são problemáticas, imagine uma média de preços para um país de proporções continentais, onde se leva em conta a cesta de consumo de famílias com renda entre 1 e 40 salários-mínimos. Não é preciso ter um Nobel em economia para saber que a cesta de consumo de famílias com rendas tão díspares será bem diferente.

Um segundo ponto é que médias, matematicamente, tendem a ser menos voláteis do que os itens integrantes de uma média. Se numa média composta por dois números, o primeiro sobe 10% e o outro cai 10%, veja que ambos os itens se movimentaram muito, mas a média ficou quase que parada no mesmo lugar, sendo aproximadamente a mesma.

E aqui chegamos ao ponto-chave, novamente recordando a parte de oferta e demanda. Se um item sobe 10% de preço, imaginando que sua oferta se manteve constante, é porque há mais demanda; já se um item cai 10% de preço, também imaginando sua oferta constante, deve ser porque há menos demanda por aquele item. Ou seja: o que as pessoas querem consumir está subindo de preço, enquanto aquilo que as pessoas não querem comprar cai e puxa a média usada para medir a inflação para baixo.

Dando um exemplo contemporâneo, na época da pandemia o mundo parou de viajar de avião, muita gente parou de produzir, mas não paramos de comer. Devido à demanda para menos oferta, e aos grandes estímulos monetários, os preços dos alimentos começaram a subir, mas como passagens aéreas entram no cálculo da inflação, e ninguém estava viajando, as passagens não subiram de preço e até chegaram brevemente a cair. Desse modo, com o feijão subindo 20%, a carne 15% e o gás 60%, o IPCA ficava em 10% porque aquilo que as pessoas não queriam comprar, como as passagens de avião, estava caindo de preço.

A inflação e o consumismo

Quando a moeda era feita de metal precioso, apesar dos problemas que vimos anteriormente, qualquer pessoa disposta a acumular riqueza poderia guardar moedas de ouro e prata em casa. Não era preciso ter conhecimento financeiro, ou mesmo saber o que era inflação e como ela, de maneira direta, subversiva e insidiosa, vai destruindo o poder de compra do dinheiro. Nessa época a disciplina era mais importante que o conhecimento financeiro.

Hoje, se você não tem pelo menos a ciência do que vimos até então, a disciplina para poupar de pouco adianta. Já perdi as contas de quantos vídeos assisti em redes sociais sobre incautos que pouparam dinheiro ao longo de décadas, guardando em cofres, latas de biscoito ou outros esconderijos, sendo maduros o suficiente para renunciar ao consumo presente de modo a acumular capital e satisfazer um desejo futuro. No entanto, o que tais indivíduos receberam como recompensa? Rendimento zero e preços dos itens, de maneira geral, bem mais altos.

Justamente por isso, principalmente para aqueles que não sabem investir seu capital a ponto de fazê-lo crescer, a inflação é um estímulo ao consumo imediato. Ou você compra agora ou espera para pagar mais caro no futuro.

Uma exceção a essa regra se dá no mundo da tecnologia, com seus ganhos de produtividade brutais, principalmente na área de computação. Os computadores de hoje são bilhões de vezes mais poderosos, para o mesmo custo unitário, do que há cinquenta anos. Segundo o autor Ray Kurzweil, se a indústria automobilística tivesse feito o mesmo avanço nas últimas cinco décadas, um carro deveria custar centavos e correr mais rápido que a velocidade da luz.

De maneira prática, é por conta disso que um smartphone lançado agora estará mais barato daqui a 1 ano, já que em breve teremos outro modelo mais poderoso chegando ao mercado. Assim, o que vemos com tecnologia, guardadas as devidas proporções, deveria ser o normal em várias outras áreas.

Se nós produzimos mais que nossos pais, que por sua vez produziram mais que nossos avós, que graças à revolução da energia elétrica – não consigo imaginar maior ganho de produtividade dentro dos últimos 1.000 anos – também produziram mais que seus antecessores, por que os preços de todos os itens não estão mais baixos, já que somos capazes de prover maior oferta e fazer mais com menos?

Parte do motivo está no aumento da demanda vinda de uma população maior, mas não toda a explicação, tendo em vista que hoje a população mundial cresce menos do que no século passado.

Se pegarmos a produção de comida como exemplo, mesmo com mais de 8 bilhões de pessoas vivendo no planeta, estamos produzindo tanto que chegamos a um momento inédito na história: há mais pessoas morrendo, ou tendo graves problemas de saúde, em decorrência do surto de obesidade do que por conta de inanição.

"Bruno, seu facínora, como você pode fechar os olhos para a fome que só aumenta no mundo? Estou decepcionade (com E mesmo)." Devido ao viés cognitivo da disponibilidade, é normal darmos mais peso aos acontecimentos recentes do que aos passados. Contudo, mesmo com a pandemia que inquestionavelmente piorou o quadro da fome no mundo, lembre-se de que memes citando o fato de que as pessoas estavam engordando ao ficar trancadas em casa eram extremamente comuns em 2020.

Voltando menos de 200 anos no tempo, pense nas consequências da mesma política de lockdowns no mundo do século XIX, época em que a geladeira doméstica ainda não havia sido inventada, o que dificultava sobremaneira a conservação dos alimentos. Grande parte da população iria definhar até morrer. Perceba que a fome, principal inimiga da humanidade durante quase toda nossa existência, não está morta, mas respira por aparelhos (diminuir impostos e barreiras protecionistas para alimentos poderia quase matá-la).

Portanto, veja que não é por falta de oferta de alimentos que o Kinder Ovo que você comprava por 1 real em 1994 passou a custar 10 reais atualmente. Os preços aumentaram porque o aumento da oferta monetária conseguiu ter um efeito inflacionário superior aos ganhos de produtividade na área.

Se os preços dos alimentos, das roupas, dos carros, casas e tudo mais irão subir ao longo do tempo, melhor consumir hoje do que poupar para o futuro, se você não sabe como fazer seu capital crescer a níveis maiores que a desvalorização do dinheiro.

E como governos costumam ser imediatistas, com um político eleito para ficar 4 anos no poder se importando muito mais com os resultados rápidos desse período do que em implantar as bases para um crescimento sustentável nas próximas décadas, alterar essa dinâmica de desvalorização constante da moeda poderia reduzir o consumo atual, embora, com mais facilidade de poupar, provavelmente acarretasse um consumo maior no futuro (mas quem liga para o futuro?).

A inflação rouba do poupador e ajuda o endividado

Imagine que eu esteja passando por momentos particularmente difíceis a ponto de precisar de dinheiro emprestado. Você, meu caro leitor, um fã fiel, se dispõe a me ajudar com um empréstimo de R$ 1.000, sem cobrança de juros, o qual eu devo pagar ao final de 1 ano.

Repare que neste trato você abre mão do consumo presente e me empresta dinheiro com a promessa de receber o mesmo valor nominal ao final de 12 meses. No entanto, como vivemos num país de inflação crescente, quando eu lhe devolver os R$ 1.000 eles já não terão o mesmo poder de compra porque o preço dos itens, de forma geral, aumentará ao longo do ano.

Ao saber disso, o justo seria lhe pagar uma taxa de juros – até porque há um custo de oportunidade desse capital, já que ele poderia ter sido usado para um monte de outras coisas –, mas veja que se os juros forem, por exemplo, de 5% ao ano e a inflação for de 6%, ainda assim você estaria perdendo. Logo, perceba que a inflação tem o poder de roubar do poupador, aquele que guarda e é remunerado com juros baixos usando a poupança (a maior parte dos brasileiros), enquanto ajuda os endividados, principalmente aqueles que conseguem se endividar por um custo baixo. E adivinhe quem é o maior endividado do país, e que mesmo assim consegue se financiar com os juros mais baixos? O Estado.

Através do programa Tesouro Direto, pessoas físicas podem emprestar recursos para o Estado brasileiro ao adquirir títulos públicos. Dentro do mundo dos investimentos, as taxas de juros dos títulos públicos costumam balizar a rentabilidade de todas as demais aplicações através do conceito de prêmio de risco.

Basicamente, o conceito de prêmio de risco significa que sempre que você for correr mais risco, é necessário ganhar mais (ou pelo menos ter uma boa expectativa de que isso vai acontecer). Do contrário, não valeria a pena.

Como o Estado possui poderes que ninguém mais tem, como (1º) poder aumentar impostos – e se você se recusar, será um criminoso -, (2º) poder emitir dívida pública de longo prazo para pagar as dívidas que irão vencer e, se for necessário, (3º) ainda possui o monopólio da criação de moeda, nada é mais seguro no Brasil do que emprestar recursos para a máquina estatal.

No limite, caso as duas primeiras opções não estivessem mais disponíveis, o Estado criaria moeda para pagar suas dívidas, o que iria gerar aumento de preços à medida que essa moeda circulasse pela economia. Porém, lembrando novamente do efeito Cantillon, como os credores estatais seriam os primeiros a receber a moeda nova, acabariam sendo beneficiados, podendo consumir antes que os preços aumentassem.

Deflação – por que governos têm horror a essa palavra?

Se a inflação é causada pelo aumento da oferta monetária, que tem como consequência o aumento de preços generalizado, a deflação é o seu contrário: a contração da oferta monetária que tem como consequência a diminuição generalizada dos preços.

Em suma, entenda a deflação como o aumento do poder de compra do seu dinheiro.

"Mas se meu dinheiro poderá comprar mais, por que diabos alguém acharia isso ruim?" Depois de todo raciocínio já visto até aqui sobre inflação, basta pensar no cenário oposto. Se a inflação rouba do poupador para ajudar o endividado, a deflação recompensa o poupador e prejudica quem deve mais... E quem são os maiores devedores do mundo? Os Estados, que teriam mais dificuldade de pagar suas gigantescas dívidas públicas.

Pensando pela ótica do consumo, vimos que a inflação acaba por tornar as pessoas mais imediatistas e propensas a consumir, o que aumenta a arrecadação estatal. Já a deflação provavelmente produziria um consumo mais consciente, uma vez que com o dinheiro ganhando poder de compra com o passar do tempo, muitos adiariam o consumo daquilo que não é necessário para algum momento futuro.

Vários economistas costumam falar sobre como isso seria danoso para a sociedade, e encontram sempre ouvidos atentos entre os dirigentes estatais, uma vez que com menos consumo há menos lucro para as empresas, com menos lucro há menor geração de empregos, com menos empregos há menos renda disponível para consumir, e como o consumo de uma pessoa se transforma na renda da outra, teríamos um ciclo negativo.

De fato, o consumo de curto prazo realmente tenderia a diminuir, mas somente até um certo ponto, porque somos mortais, temos necessidades a serem atendidas em várias áreas, o jejum intermitente tem limites e as crianças precisam comer.

E isso não vale apenas para itens tidos como básicos, já que aquilo que uma pessoa julga necessário é, de certa forma, subjetivo. Pensando novamente nos exemplos que vemos com a área de tecnologia, todos sabem que um iPhone lançado agora estará mais barato daqui a 1 ano, o que significa que seu dinheiro terá se valorizado contra o smartphone, só que mesmo assim, o que vemos a cada lançamento da Apple? Filas nas lojas formadas por pessoas que entendem que vale a pena pagar mais caro agora, porque o item novo é absolutamente necessário, a esperar meses para só então poder usar o gadget do momento.

Além disso, vale lembrar que a redução da quantia voltada para o consumo imediato poderia ser poupada e investida pelas pessoas para propiciar maior poder de consumo no futuro. Eu mesmo só estou aqui escrevendo este livro porque fiz essa escolha no passado, deixando de gastar, apesar de todos os estímulos, para guardar recursos que foram usados para investir e empreender de modo a ter um poder de consumo muito mais alto nos dias de hoje.

De toda forma, as discussões sobre deflação costumam ser sempre infrutíferas e teóricas, uma vez que os donos do poder não permitem que ela aconteça em longos períodos. Basta ver que sempre que temos alguma época levemente deflacionária, na qual por alguma conjuntura os preços estão em queda ao invés de seguir pelo menos uma leve trajetória de aumento, governos aproveitam para tomar medidas para reverter esse quadro ao promover mais gastos, que terminam em mais criação de moeda, para voltar a ver índices positivos de inflação e colher seus "benefícios".

Por que a dinâmica inflacionária não irá mudar?

A inflação em moeda fiduciária é uma escolha política, defendida com unhas e dentes não apenas por governantes, mas até mesmo pelo grosso da população.

Embora os efeitos da inflação sejam terríveis, sobretudo para os mais pobres, de forma geral, a causa da inflação, mais criação e gasto de dinheiro pelo governo, costuma ser uma escolha feita pelo povo.

Se você tem dúvidas disso, desafio-o a fazer um experimento social com seu círculo de familiares e colegas de trabalho. Faça a seguinte sequência de perguntas a essas pessoas. A resposta deverá ser apenas um simples SIM ou NÃO.

(1) Você prefere que tenhamos mais educação pública?

(2) Prefere ter mais saúde pública de qualidade?

(3) Você quer mais segurança pública?

(4) Você quer melhores benefícios para os aposentados que ganham tão pouco?

Provavelmente a resposta para todas as perguntas acima foi um sonoro SIM. Agora vem a quinta e última pergunta: (5) Você quer pagar mais impostos para que isso aconteça?

Nessa hora a resposta tende a ser NÃO. E aí entramos no ciclo anteriormente descrito no livro, em que políticos tentam tributar primeiro os mais ricos, mas como são uma minoria, e que ainda sabe se defender, esse imposto acaba não dando muito certo, de modo que os impostos teriam que ser aumentados sobre todos, o que é tremendamente impopular.

A saída então seria recorrer a mais dívida, até um certo limite além do qual não há mais financiadores, e depois à criação de mais dinheiro, que levaria a mais inflação conforme a moeda fosse circulando pela economia.

Estados aumentam de tamanho

No livro *Previsivelmente Irracional*, o pesquisador Dan Ariely comenta sobre um estudo interessante conduzido por ele em dupla com uma pesquisadora chamada Kristina Shampanier. Em dois dias distintos, a dupla ofereceu duas variedades de pequenos chocolates a pessoas que passavam por um grande prédio público, um mais simples, um Kisses da marca Hershey's, e outro mais gourmet, uma trufa da marca Lindt, com a exata mesma diferença de preço.

Para os leigos no mundo do chocolate, basta saber que a Lindt é uma empresa suíça que mistura cacaus de qualidade há

179 anos. Já os Kisses da Hershey's, apesar de serem bombons gostosos, são bem inferiores em termos de qualidade.

No 1º dia o chocolate Hershey's custava 1 centavo de dólar, e o Lindt, 15 centavos. Embora ambos os bombons estivessem com um preço abaixo do normalmente encontrado no mercado – na época a trufa da Lindt custava uns 50 centavos –, as pessoas acabaram manifestando uma preferência pela opção com mais qualidade em detrimento da opção mais barata: 73% preferiram adquirir os bombons Lindt e apenas 27% pegaram o chocolate Hershey's.

Porém, a coisa muda de figura no 2º dia do experimento. Agora o preço de ambos os chocolates ficou 1 centavo mais barato, de modo que o chocolate Lindt custava 14 centavos, enquanto o Kisses teve seu preço zerado, tornando-se gratuito. Embora a diferença de preço seja a mesma do dia anterior, 14 centavos, o resultado é que no 2º dia as preferências praticamente se inverteram, com 69% dos clientes querendo o chocolate Hershey's gratuito e apenas 31% optando pela opção gourmet que, vale frisar, estava com um preço excepcional. Nas palavras de Dan Ariely: "que diferença fez o grátis!".

Através dessa simples experiência de campo, que pode ser tranquilamente repetida por qualquer um que leia este livro, vemos como aquilo que é gratuito mexe com a mente das pessoas e altera suas preferências. Na política, a mesma coisa acontece.

Comentei anteriormente que numa eleição com dois candidatos, um a favor de menos gasto público e de um Estado mais enxuto, e outro a favor de mais "coisas gratuitas" sem citar muito bem de onde virão os recursos para bancar a teórica gratuidade, o segundo teria mais vantagem. A prova disso está no fato de que num segundo turno geralmente precisamos escolher entre versões do candidato número 2.

A questão é que para minimamente atender aquilo que foi prometido à população, mais serviços e produtos gratuitos, o político eleito terá que necessariamente aumentar o tamanho do poder estatal através da atração de mais recursos, que virão pela combinação de mais impostos, dívida e criação de moeda.

Os piores chegam ao poder

Em suma, a realidade é que, sob o pretexto de agir em nome do povo, os donos do tabuleiro já definiram as regras do jogo há muito tempo: inflação constante e, quando tudo dá certo, levemente crescente.

"Bruno, mas será que um governante iluminado não poderia mudar esta dinâmica?" Me chame de pessimista, mas creio que não. Primeiro porque, citando um aforismo do economista Saifedean Ammous, o sucesso político atual é uma consequência de se abusar da impressora de dinheiro, e não de domá-la. Segundo, porque a própria dinâmica política impede a ascensão desse mítico ser ungido que iria contra o sistema.

Para entender este último ponto, pense comigo sobre ataques a sistemas e sua eventual recompensa. Se você tem riquezas guardadas em casa, e um meliante sabe disso, para evitar tentativas de roubo seria interessante encarecer o custo do ataque. Para isso você pode contratar seguranças, colocar câmeras, alarmes, cães de guarda, cofres etc. Quanto maior o custo do ataque em comparação à recompensa, menos rentável (e provável) o ataque se torna.

Mas o que acontece quando a recompensa é incomensurável? Quem ganha uma eleição em qualquer país que tenha uma moeda própria se torna dono da máquina de criar a moeda e do poder de tributar todos os seus cidadãos. Diante de uma recompensa dessa magnitude, por mais alto que seja o custo do ataque, ele sempre será compensatório – nos Estados Unidos, donos da moeda mundial, ainda mais.

E se vale tudo para se obter o controle da máquina de criar dinheiro, quem você acha que ganhará essa disputa? Pessoas de princípios e escrúpulos morais ficam em desvantagem frente àquelas que estão, literalmente, dispostas a tudo para ter acesso a esse privilégio exorbitante.

É com base num quadro similar a esse (mas voltado para regimes totalitários) que o economista austríaco Friedrich August von Hayek desenvolveu a tese descrita no livro *O Caminho da Servidão*, afirmando que os piores tendem a chegar ao topo do poder.

Na obra *A República*, do grego Platão, o personagem Sócrates conta a história de um camponês chamado Giges que encontra um anel mágico capaz de torná-lo invisível (agora você já sabe de onde Tolkien pegou a referência para *O Senhor dos Anéis*).

Giges, inicialmente um homem bom, começa a se aproveitar de seu novo poder para fazer o mal sem ser responsabilizado por isso, já que, com o uso do anel, ninguém consegue vê-lo. Com o tempo, Giges acaba se transformando em rei, mas deixa de ser um homem respeitável à medida que entende que está acima de qualquer punição graças ao poder do artefato mágico que usa em seu dedo.

Se Platão já nos advertia através da história de Giges sobre como o poder absoluto pode corromper o homem, Hayek tem o mérito de chamar a nossa atenção para o fato de que será o homem corrompido que tenderá a lutar para conquistar o poder absoluto.

Portanto, perceba que nossas vidas são transitórias, mas a inflação em moeda fiduciária é uma realidade permanente. Por vezes mais fraca, por vezes mais forte, mas sempre presente.

Não haverá herói para te salvar nessa história que não seja você.

CONCLUSÃO

"Estamos ferrados!" Essa foi a sentença emitida por Malu Perini, minha esposa, após a leitura deste livro – na verdade, ela exclamou sua conclusão com outras palavras, mas preferi usar de certo eufemismo em respeito aos leitores de coração mais sensível.

Infelizmente, Malu está certa quando pensa na maioria das pessoas: elas estão mesmo ferradas. Mas, felizmente, a trajetória do indivíduo não precisa ser a trajetória do grupo...

Se tivéssemos uma moeda forte, resistente à inflação, um médico poderia se especializar apenas em medicina, um arquiteto poderia focar seu tempo e energia somente em arquitetura, um engenheiro só em engenharia etc. Todos esses profissionais poderiam guardar o resultado de seu trabalho em dinheiro que não perderia valor, estando melhor preparados para lidar com as possíveis intempéries de um futuro sempre opaco por natureza – se um indivíduo soubesse com 100% de certeza como seria seu futuro, não precisaria guardar dinheiro; como não sabe, é sempre bom guardar (eu pessoalmente nunca me arrependi de fazer provisões).

Repare que neste mundo hipotético de dinheiro forte, nenhum desses profissionais precisaria obrigatoriamente investir e correr riscos para preservar seu patrimônio. Provavelmente só uma minoria de pessoas estaria disposta a se enveredar pelos meandros do complicado mercado de capitais se apenas poupar recursos fosse uma opção de acúmulo de patrimônio.

Contudo, com a moeda cada vez mais fraca com o passar do tempo, essa opção não existe. O médico, arquiteto ou engenheiro que não entende o básico de mercado financeiro corre o risco de ficar mais pobre por conta da desvalorização monetária. Com 6% ao ano de inflação, um número considerado normal por muitos brasileiros, os preços aumentam 50% de valor em 7 anos, dobram em 12, triplicam em 19.

Justamente por isso, independentemente da sua profissão, é preciso que você aprenda a investir. É dessa forma que você se torna o herói da sua história.

Espero que no decorrer deste livro tenha ficado claro, óbvio e ululante que as regras do sistema monetário fiduciário lhe obrigam a ganhar seu dinheiro duas vezes: a primeira ao trabalhar e a segunda ao investir para sobrepujar a perda do poder de compra do dinheiro.

APÊNDICE

O que fazer?

Em uma de suas mais célebres frases, o economista austríaco Friedrich August von Hayek afirmou: "Eu não acredito que teremos um bom dinheiro de novo antes de tirá-lo das mãos do governo, isto é, não podemos tirá-lo violentamente, tudo o que podemos fazer é, por algum caminho indireto, introduzir algo que eles não podem parar".

Tal afirmação se deu no ano de 1976. Hayek faleceu em 23 de março de 1992, aos 92 anos. O Bitcoin teria seu primeiro bloco minerado em 3 de janeiro de 2009. Hayek infelizmente não viveu para ver o começo do experimento do Bitcoin, mas se estivesse vivo, creio que diria algo como: eureca! (talvez ele falasse apenas "é isso!", mas Hayek era tão culto que provavelmente não perderia a chance de usar a expressão imortalizada pelo inventor grego Arquimedes).

THE TIMES

Max 5C, min -5C

Saturday January 3 2009 timesonline.co.uk No 69523

£1.50

Eat Out from £5

More than 900 great restaurants, including four Gordon Ramsay favourites from £15

Start collecting tokens today Pullout inside

Israel prepares to send tanks and troops into Gaza

Israel allowed foreigners to flee the Gaza Strip as it prepared for a ground offensive. At least 430 Palestinians were killed in a week of airstrikes News, page 3

Chancellor on brink of second bailout for banks

Billions may be needed as lending squeeze tightens

Francis Elliott Deputy Political Editor
Gary Duncan Economics Editor

99p

Pub chain cuts the price of a pint from £1.69 to 1989 levels

Business, page 47

Continued on page 6, col 1

Leading article, page 2

Michael Sheen
Frost, Nixon and me
Magazine

Working mums
So that's how she does it
Body&Soul

Detox in style
The best spas on the planet
Travel

Salman Rushdie
I won't marry again
Pages 22, 23

Giant killing?
Guide to the FA Cup third round
Sport

A manchete acima foi inserida no primeiro bloco do Bitcoin, talvez para comprovar a data (como nos filmes de sequestro), talvez pelo teor da mensagem (ela fala de um segundo resgate a bancos por parte do governo), ou por ambos os motivos.

Todas as moedas têm um começo, meio e fim, de modo que é bem complicado escrever sobre algo tão novo, que, no momento, conta com apenas quinze anos de história, mas acredito que se o Bitcoin continuar a existir no futuro, terá que ter um preço mais alto do que os 60 mil dólares nos quais negocia atualmente.

Contudo, tenha atenção para a ressalva do SE O BITCOIN CONTINUAR A EXISTIR. Eu não tenho ideia de como o Bitcoin poderia ser destruído (muita gente teme a famigerada computação quântica), mas não é porque eu não sei como poderia acontecer que não irá ocorrer.

Mesmo assim, acho interessante estudar o máximo possível sobre Bitcoin e o novo mundo das criptomoedas. Acredito que boa parte dos maiores retornos em investimentos virá dessa área – e, para os incautos, também alguns dos maiores prejuízos.

Arrisco-me a dizer que toda pessoa deveria ter a meta de possuir pelo menos 1 bitcoin (costuma-se usar Bitcoin, em maiúsculo, para a rede, e bitcoin, com letra minúscula, para a unidade monetária), o que é impossível para grande parte do Globo, afinal são 8 bilhões de pessoas para 21 milhões de bitcoins – bem menos na verdade, porque vários estão inacessíveis.

Vi há pouco tempo um levantamento do banco Credit Suisse sobre a quantidade de milionários no mundo. Estimaram o número de milionários em dólar em cerca de 60 milhões de indivíduos. Repare que até para esse pessoal ter um bitcoin inteiro não será fácil...

No entanto, acredito que será recompensador. Assim como a palavra milionário, surgida na Bolha do Mississipi, se tornou sinônimo de riqueza, creio que as palavras "Whole Coiner", usadas para se referir a alguém que possui uma unidade inteira de bitcoin, serão significativas no futuro.

"Bruno, mas o Bitcoin é muito volátil e eu sou conservador." A maior parte dos ditos conservadores na realidade são apenas ignorantes quanto ao funcionamento do mercado financeiro. À medida que você for estudando sobre o mercado, e acredito que a essa altura do livro você já se deu conta de que entender pelo menos o básico é quase obrigatório, acabará se tornando um pouco mais arrojado. Eu não tenho ideia de qual será o percentual ideal de bitcoin na sua carteira, mas sei que deveria ser algo acima de 0%, pelo menos considerando o belíssimo histórico de valorização, e abaixo de 100% (minha avó me ensinou a não colocar todos os ovos na mesma cesta).

"Bruno, mas então tenho que me tornar um especialista em mercado financeiro?" Definitivamente, não! Se você é médico, advogado, engenheiro etc., provavelmente a melhor alocação do seu tempo está em se dedicar, respectivamente, a medicina, direito, arquitetura ou a sua área profissional específica. Porém, é necessário que você tenha algum entendimento básico sobre o funcionamento do mercado e dos investimentos. Eu diria que você deveria conhecer o mercado financeiro na mesma proporção que boa parte das pessoas conhece a matemática: elas estão longe de um conhecimento como o dos profissionais, mas quase todos os indivíduos verdadeiramente educados sabem a tabuada, conseguem fazer contas simples de cabeça e são capazes de resolver equações de primeiro grau.

Os antigos costumavam dividir a educação em duas áreas: Trivium e Quadrivium. O Trivium, de onde inclusive vem a palavra portuguesa trivial, era dedicado às artes da palavra que, como próprio termo trivial denota, deveriam ser do conhecimento de todos. O Trivium era composto de dialética, gramática e retórica. Já o Quadrivium era dedicado às artes dos números, tidas como superiores. O estudo era voltado para a aritmética, astronomia, geometria e música.

Trazendo para o tempo atual, em uma conversa com um de meus irmãos mais novos, expressei o esboço daquilo que considero o Trivium e o Quadrivium de nossos dias, principalmente para indivíduos empreendedores. No Trivium, todos deveríamos ser bons em interpretação de texto (meu Deus, como isso faz falta no mundo!), redação e matemática básica, aquela que aprendemos até o final do ensino fundamental. No Quadrivium precisaríamos estudar sobre finanças, oratória, vendas e liderança.

Estudando sobre finanças descobriríamos sobre ativos, passivos, margens de lucro, depreciação, inflação, uso da moeda, custo de oportunidade, investimentos, retorno sobre o capital etc. Com oratória poderíamos nos expressar na língua falada tão bem quanto na escrita (lembre-se de que escrever bem deveria ser trivial), e isso por si só já ajudaria tanto na parte de vendas, que considero a habilidade essencial para profissionais de qualquer área mais subestimada dentre todas que existem, quanto também em liderança.

Já comentei diversas vezes em meu podcast que, na minha opinião, nada é mais complexo do que lidar com pessoas. Normalmente vemos estudantes reclamando que a física da escola é difícil. Não mesmo! Se eu jogo uma pedra num lago, ela irá afundar; se jogo um pedaço de isopor, ele irá boiar. O destino de ambos é facilmente identificável por uma simples questão de densidade. Agora, e se eu jogar uma pessoa num lago? Ela pode afundar, pode boiar, pode ficar nadando toda serelepe ou pode sair do lago e me dar um tiro porque é vingativa. Não há como saber. Embora o comportamento das massas seja de certa forma previsível (elas reagem a estímulos, de modo que se o governo baixar juros, a massa deverá consumir mais), o comportamento e o destino de um ou poucos indivíduos são simplesmente imprevisíveis.

Justamente por isso creio que aprender sobre gestão de pessoas, inteligência emocional, criação de equipes eficientes e desenvolvimento de líderes – uma boa organização não pode ter apenas um líder, mas sim vários – é importantíssimo.

No prólogo deste livro citei que uma das características que diferencia o homem dos outros animais está no fato de que acreditamos em coisas que não existem, ficções sociais como empresas, Estados, organizações supranacionais etc. Outra diferença essencial é que conseguimos colaborar em larga escala em torno dessas ficções. Reúna 40 mil chimpanzés num local fechado e inevitavelmente teremos um pandemônio; reúna 40 mil homens num local fechado e eles ficarão assistindo a algum show, concerto ou final de evento esportivo no qual acreditam.

No mundo do empreendedorismo, ganha aquele que tem o melhor modelo de negócios (finanças e vendas) e que consegue gerar um maior número de colaborações em torno de um certo objetivo (oratória e liderança).

No meu projeto de educação (pretendo fazer isso com meus filhos), depois de estudar essas 7 áreas, aí, sim, uma pessoa poderia escolher sua profissão com maior assertividade – e provavelmente teria muito mais sucesso graças a esse conhecimento prévio.

Para endereçar a parte do Quadrivium sobre finanças, encerro esta obra deixando o convite para que você faça parte de uma das turmas do meu curso Viver de Renda. Enquanto escrevo este livro, vou abrir a turma de número 25, mas pretendo fazer várias outras ao longo dos anos porque (1º) gosto muito do que faço, (2º) me gera um grande retorno e (3º) porque entendo que por vídeos, aulas práticas constantemente atualizadas e, principalmente, através de um suporte ativo que responde diretamente as dúvidas do aluno consigo passar melhor o conhecimento do que por linhas que ficarão marcadas de forma indelével.

No Viver de Renda você aprenderá a investir de modo a construir uma carteira de ativos que cresça acima da taxa de perda do poder de compra da nossa moeda, diversificando entre ativos e geografias, ao investir tanto no Brasil quanto no exterior. Não é necessário ter conhecimento prévio para fazer o curso, por lá nós pegamos do zero.

Inclusive, você, meu caro leitor, pode ficar bem tranquilo com este último ponto, porque ao terminar este livro já está à frente da maior parte das pessoas que me procuram para aprender a investir. Geralmente elas chegam sem saber nada sobre dinheiro, inflação, juros etc., e mesmo assim saem investidoras com carteiras diversificadas entre ativos, moedas e países.

Independentemente de decidir fazer o curso ou não, também deixo o convite para que me acompanhe nas diversas redes sociais. Será gratificante poder transformar o monólogo deste livro num diálogo ao poder interagir com você.

Muito obrigado pela confiança e espero que tenha gostado de ler *Em Nome do Povo* tanto quanto eu gostei de escrevê-lo.

Um grande abraço!

Bruno Perini

Crescimento da dívida pública dos países

Crescimento dívida/PIB (%)	1994 - 2003	2004 - 2013	2014 - 2023	1994 - 2023	1994 - 2024
Argentina	340,85	-63,10	245,64	444,01	203,52
Austrália	-58,36	156,30	45,29	55,84	56,47
Brasil	81,06	-12,35	37,50	114,48	119,55
Canadá	-22,15	21,84	25,26	9,85	7,38
Chile	-44,25	24,27	162,67	74,34	79,20
China	336,48	40,15	109,00	1261,56	1343,00
Colômbia	264,67	-9,40	21,25	325,45	340,84
França	29,06	41,73	16,54	121,64	123,65
Alemanha	33,68	20,09	-14,61	35,37	34,11
Índia	14,84	-20,26	23,25	10,56	10,29
Itália	-19,53	26,07	1,40	4,73	6,18
Japão	89,57	35,40	8,19	199,05	201,66
Coreia do Sul	98,00	68,30	39,04	452,00	466,00
México	49,56	13,37	12,74	88,63	97,51
Rússia	-55,43	-40,87	30,46	-68,98	-67,24
Espanha	-18,74	121,37	2,28	83,13	81,09
Suíça	20,81	-27,34	-9,03	-18,68	-22,08
Reino Unido	-9,58	114,32	16,07	148,40	156,27
Estados Unidos	3,37	57,79	17,18	115,38	117,50
Venezuela	-12,35	104,31	74,56	131,96	133,09

Tabela de inflação acumulada das moedas

Inflação Acumulada (%)	1994 - 2003	2004 - 2013	2014 - 2023	1994 - 2024
Argentina*	53,37	144,54	7091,47	67167,25
Austrália	30,11	31,41	29,92	129,68
Brasil**	2130,05	71,03	77,43	6924,32
Canadá	19,82	19,50	29,09	88,72
Chile	60,11	39,42	55,99	258,63
China	51,77	34,24	17,58	144,11
Colômbia	251,73	49,53	73,29	859,70
França	16,95	18,92	22,24	73,07
Alemanha	14,78	19,74	28,04	79,85
Índia	92,61	111,38	63,56	595,19
Itália	32,75	23,91	21,16	103,69
Japão	-0,24	0,26	11,89	14,15
Coreia do Sul	48,46	31,62	20,71	141,05
México	300,73	51,27	57,73	889,66
Rússia	4456,96	144,09	99,48	23264,61
Espanha	35,90	27,67	19,43	112,20
Suíça	8,38	5,61	5,67	22,64
Reino Unido	17,87	30,87	32,81	109,39
Estados Unidos	26,99	26,33	31,77	116,46
Venezuela	2375,622123	874,5026158	5,01204E+12	3,1438E+15

Argentina*	Entre 1994 até 1997 o site do FMI não apresenta dados de inflação para o respectivo período, o calculo foi então executado considerando dados do WorldData
Argentina*	O site do FMI também não apresenta os dados de inflação para os anos de 2015 e 2016, o calculo foi então executado considerando dados do WorldData e de informações públicadas na época
Brazil**	Considera o ano de 1994, desde o período que antecedeu a troca de moeda.

“

É na arena que o gladiador pede conselhos.

– Sêneca

”

BIBLIOGRAFIA CONSULTADA

AMMOUS, Saifedean. *O padrão bitcoin*: a alternativa descentralizada ao Banco Central. Konsensus Network, 2020.

AMMOUS, Saifedean. *O padrão fiduciário*: a alternativa da escravidão por dívidas para a civilização humana. Konsensus Network, 2023.

ARIELY, Dan. *Previsivelmente irracional*: as forças invisíveis que nos levam a tomar decisões erradas. Rio de Janeiro: Sextante, 2020.

ASIMOV, Isaac. *Os gregos*: a trajetória de um povo que moldou a cultura ocidental. São Paulo: Planeta Minotauro, 2022.

ASIMOV, Isaac. *Império Romano*: a ascensão e a queda do maior império da antiguidade. São Paulo: Planeta Minotauro, 2023.

BASTIAT, Frédéric. *O que se vê e o que não se vê*. São Paulo: LVM, 2010.

BASTIAT, Frédéric. *A Lei*: por que a esquerda não funciona? São Paulo: Faro Editorial, 2016.

BERNSTEIN, Peter L. *Desafio aos deuses*: a fascinante história do risco. Rio de Janeiro: Alta Books, 2019.

DIAMOND, Jared. *Armas, germes e aço*. Rio de Janeiro: Record, 2017.

FERGUSON, Niall. *A ascensão do dinheiro*: a história financeira do mundo. São Paulo: Crítica, 2020.

GIBBON, Edward. *Declínio e queda do império romano*. São Paulo: Companhia das Letras, 2005.

GOLDSWORTHY, Adrian. *Em nome de Roma*: os conquistadores que formaram o império romano. 2. ed. São Paulo: Crítica, 2020.

HARARI, Yuval N. *Sapiens*: uma breve história da humanidade. São Paulo: Companhia das Letras, 2020.

HAYEK, Friedrich August von. *Desestatização do dinheiro*. São Paulo: LVM, 2011.

HAYEK, Friedrich August von. *A pretensão do conhecimento*. São Paulo: LVM, 2019.

HAYEK, Friedrich August von. *O caminho da servidão*. 2. ed. São Paulo: LVM, 2022.

HOBBES, Thomas. *Leviatã*: ou Matéria, forma e poder de um estado eclesiástico e civil. São Paulo: Martin Claret, 2015.

HOLLANDA, Cristina Buarque de. *Teoria das elites*. Rio de Janeiro: Zahar, 2011.

HOPPE, Hans-Hermann. *Democracia, o deus que falhou*. São Paulo: LVM, 2014.

KURZWEIL, Ray. *A era das máquinas espirituais*. São Paulo: Aleph, 2007.

MAQUIAVEL, Nicolau. *O Príncipe*. São Paulo: Edipro, 2018.

MARSHALL, Tim. *Prisioneiros da geografia*: 10 mapas que explicam tudo o que você precisa saber sobre política global. Rio de Janeiro: Zahar, 2018.

MISES, Ludwig von. *As seis lições*. São Paulo: LVM, 2018.

PLATÃO. *A República*. São Paulo: Edipro, 2020.

PLUTARCO. *Alexandre e César*: as vidas comparadas dos maiores guerreiros da Antiguidade. Rio de Janeiro: Nova Fronteira, 2022.

RICKARDS, James. *A febre do ouro*. São Paulo: Empiricus, 2016.

ROTHBARD, Murray. *O que o governo fez com nosso dinheiro?* São Paulo: LVM, 2013.

SÊNECA. *Sobre a brevidade da vida*. São Paulo: Edipro, 2020.

SUETÔNIO. *A vida dos doze césares*. São Paulo: Lebooks, 2019.

TALEB, Nassim N. *Antifrágil*: coisas que se beneficiam com o caos. São Paulo: Objetiva, 2020.

TALEB, Nassim N. *A lógica do cisne negro*: o impacto do altamente improvável. São Paulo: Objetiva, 2021.

ULRICH, Fernando. *Bitcoin*: a moeda na era digital. São Paulo: LVM, 2014.

VIEIRA, Padre Antônio. *Sermão do bom ladrão*. São Paulo: Edipro, 2008.